LA PAZ DEL PERDÓN

CHARLES
STANLEY

Deje atrás el pasado y disfrute...

LA
PAZ DEL
PERDÓN

GRUPO NELSON
Una división de Thomas Nelson Publishers
Desde 1798

NASHVILLE   DALLAS   MÉXICO DF.   RÍO DE JANEIRO

Editora General: *Graciela Lelli*
Traducción: *Priscila M. Patacsil*
Adaptación del diseño al español: *Grupo Nivel Uno, Inc.*

ISBN: 978-1-60255-828-1

Impreso en Estados Unidos de América

12 13 14 15 16 BTY 9 8 7 6 5 4 3 2 1

CONTENIDO

PREFACIO

Sucedió un domingo de mañana. Mientras conducía hacia la iglesia, repasaba en mi mente los acontecimientos del mes pasado. Yo era pastor asociado de la Primera Iglesia Bautista en Atlanta, Georgia, Estados Unidos, y un comité buscaba un pastor que sustituyera al que había renunciado. No pasó mucho tiempo antes que la gente comenzara a tomar partido. Un grupo me quería a mí como pastor; otro grupo quería a un hombre mayor, de más experiencia, mejor conocido. Y yo me encontraba en medio de esa situación. Mi responsabilidad era simplemente predicar mientras que la congregación batallaba con este problema.

La lucha interna que sobrevino nos dejó exhaustos a mi familia y a mí. En varias ocasiones se me pidió que me fuera, y yo, con mucho gusto lo hubiera hecho a no ser por una razón. Dios me dijo: «Quédate». Mientras mi esposa Anna y yo orábamos, sabíamos claramente que teníamos que esperar en Dios y quedarnos donde estábamos.

Ahora, después de doce meses, parecía que comenzábamos a ver el fin de este asunto. En una turbulenta reunión de negocios que duró tres horas yo había sido elegido pastor de la iglesia. Parecía que habíamos salvado los obstáculos principales. Muy poco sabía que el mayor obstáculo, el del perdón, todavía no se había presentado.

Las páginas siguientes fluyen de mi lucha para perdonar a las personas en quienes confiaba, amaba y consideraba mis amigos, y que sin embargo me demostraron todo lo contrario. Más que nada, este libro es simplemente una invitación para enfrentar y tratar con el veneno de un espíritu que no perdona. Es un veneno capaz de arruinar no solamente su vida, sino también la vida de sus semejantes. Es mi oración que en estas páginas pueda descubrir la libertad que recibimos al dejar atrás de una vez y para siempre las heridas y las injusticias del pasado.

Y conoceréis la verdad, y la verdad os hará libres.

JUAN 8.32

CAPÍTULO UNO

EL PERDÓN Y LA LIBERTAD

«¿Perdonarlo? ¿Está bromeando? ¿Después de lo que me hizo? ¡Jamás lo podré perdonar!»

«¿Perdonarme? ¿Cómo podría Dios perdonarme? ¡Usted no sabe lo que he hecho!»

«¿Cómo pude haber hecho semejante cosa? Jamás podré perdonarme a mí mismo».

Estas son confesiones que como pastor oigo a diario. Confesiones de personas que han crecido en iglesias, con padres consagrados, y que sin embargo no entienden cabalmente el perdón de Dios y el posible efecto que puede tener en su vida.

Lo trágico es que las personas que no captan la inmensidad del perdón de Dios son esclavas. Es una esclavitud que les impide amar y aceptar a aquellos que, en lo profundo de su corazón, saben que merecen su amor. Es una esclavitud que perjudica a los matrimonios desde sus comienzos, y que a menudo pasa de una generación a otra. Es una esclavitud que asfixia la vida abundante que Cristo prometió a los que creen en él.

Es por eso que sentí la necesidad apremiante de escribir este libro sobre el perdón. Hay una sola forma de librarnos de esa esclavitud y es cuando realmente entendemos el perdón de Dios y lo hacemos parte de nuestra vida. Solo entonces podremos gozar de la libertad resultante, y vivir la vida cristiana a plenitud.

¿QUÉ ES EL PERDÓN?

Perdón es la «acción de liberar a alguien de una obligación para con usted que es el resultado de una mala acción que lo perjudicó». Por ejemplo, una deuda es perdonada cuando usted libera al deudor de su obligación de pagarle lo que le debe.

El perdón, entonces, comprende tres elementos: una *herida*, una *deuda* que resulta de la herida, y la *cancelación o anulación de dicha deuda*. Para que haya perdón estos tres elementos son esenciales. Antes de proseguir adelante, necesitamos revisar la continuidad de los eventos que causaron la esclavitud cuando no se encontraban presentes estos tres elementos. Esto es importante porque creo que la mayoría de las personas que tienen un espíritu que no perdona, no saben que la falta de perdón es la raíz de su problema.

Lo único que saben es que no pueden soportar estar alrededor de ciertas personas. Se sienten con el deseo de responder mordazmente a la gente cuando se discuten ciertos asuntos. No están cómodos alrededor de ciertos tipos de personalidades, y se irritan por insignificancias. Constantemente luchan con la culpa por pecados cometidos en el pasado. No pueden salir de la ambivalencia de odiar a los que ellos saben que deberían amar más. Tales sentimientos y normas de comportamiento indican a menudo que la gente no ha enfrentado y solucionado el asunto del perdón de Dios y sus consecuencias.

TOMANDO REHENES

Sabemos muy bien el significado de la palabra rehén. Y nos indignamos cuando nos enteramos que algunas personas han sido tomadas en rehenes. Y sin embargo, cuando rehusamos perdonar a otros (o a nosotros mismos), en un sentido los mantenemos en rehenes. Permítanme explicarles este concepto.

En el escenario internacional, cuando una persona es tomada como rehén, los raptores desean obtener algo. Ese algo puede ser dinero, armas, la libertad de prisioneros. El mensaje que ellos envían, en esencia, es: «Si ustedes nos dan lo que queremos, les devolveremos lo que hemos tomado». Siempre hay algún tipo de condición, un rescate de alguna clase.

Cuando las personas se niegan a perdonar a otras por algo malo que les han hecho, están diciendo lo mismo. Pero en lugar de tomar a la gente como rehenes hasta que consigan lo que demandan, ellos retienen cosas tales como el amor, la aceptación, el respeto, el servicio, la bondad, la paciencia, o cualquier cosa que la otra persona valore. El mensaje que estas personas envían es éste: «Hasta que yo no sienta que me has pagado por todo el mal que me has hecho, no te aceptaré». Si volvemos a nuestra definición, podemos ver que el elemento que falta en este caso es el llamado *cancelación de la deuda*. Las personas que se niegan a perdonar, se niegan a cancelar la deuda.

EL VERDADERO PERDEDOR

El individuo que tiene un espíritu que no perdona es siempre el verdadero perdedor, mucho más que aquel con quien está enojado. Esto es fácil de ver cuando observamos detenidamente las cosas que la gente retiene de aquellos que los han dañado u ofendido. La falta de perdón, por su propia naturaleza, impide avanzar en muchas disciplinas específicas de la vida cristiana y, prácticamente, obliga a caminar en la carne en vez de caminar en el Espíritu.

Piense en su propia experiencia por un momento. Piense en la última vez que alguien lo hirió, lo perjudicó o tomó algo que le pertenecía a usted, haya sido un bien o una oportunidad.

Inmediatamente después del incidente, ¿sintió deseos de hacer algo bueno por la persona o consideró tomar represalias? ¿Pensó en responder con gentileza o en soltar una diatriba? ¿Sintió deseos de ceder y aceptar la situación o quiso luchar por sus «derechos»?

Con toda sinceridad, es probable que se identifique en cada caso con la segunda opción. Estas son las respuestas normales cuando alguien nos hiere o saca ventajas de alguna situación. Pero piense en estas respuestas a la luz de lo que dice Pablo, y comprenderá por qué una respuesta impropia cuando nos hieren perjudica automáticamente nuestro caminar con Dios.

Mas el fruto del Espíritu es amor, gozo, paz, paciencia, benignidad, bondad, fe, mansedumbre, templanza; contra tales cosas no hay ley... Si vivimos por el Espíritu, andemos también por el Espíritu. (Gálatas 5.22, 23, 25)

En un sentido amplio, la lista de Pablo aquí incluye todas las cosas que nosotros naturalmente deseamos retener de la gente que nos ha herido. Raras veces deseamos expresar nuestro amor a un individuo que nos ha herido. En realidad, no tenemos gozo ni paz cuando nos han perjudicado. Generalmente no somos pacientes ni bondadosos con las personas que nos han hecho mal. Podríamos continuar analizando la lista.

Con mucha exactitud, Pablo describe las respuestas de una persona que no perdona:

Y manifiestas son las obras de la carne, que son: adulterio, fornicación, inmundicia, lascivia, idolatría, hechicerías, enemistades, pleitos, celos, iras, contiendas, disensiones, herejías, envidias, homicidios, borracheras, orgías, y cosas semejantes a éstas; acerca de las cuales os amonesto, como ya os lo he dicho antes, que los que practican tales cosas no heredarán el reino de Dios. (Gálatas 5.19-21)

Un espíritu que no perdona nos impide caminar en forma consecuente en el Espíritu. Lo único que podemos hacer es caminar en la carne. Las consecuencias de una vida así son devastadoras, y Pablo dice con toda claridad lo que pasará:

No os engañéis; Dios no puede ser burlado: pues todo lo que el hombre sembrare, eso también segará. Porque el que siembra para su carne, de la carne segará *corrupción*; mas el que siembra para el Espíritu, del Espíritu segará vida eterna. (Gálatas 6.7, 8, cursivas añadidas)

La corrupción que Pablo menciona no tiene nada que ver con el infierno. El está hablando de las consecuencias terrenales. Si una persona, ya sea creyente o inconversa, toma decisiones de acuerdo a los impulsos y deseos de la carne, el resultado siempre será corrupción, y una vida destruida y arruinada. Aquellas personas que no han captado el concepto del perdón, por la misma naturaleza de la falta de perdón, se han dispuesto a caminar de acuerdo a la carne. Cuando esto sucede, ellas pierden. Por no expresar paciencia, bondad, mansedumbre, templanza y todo lo demás, la carne retiene al individuo como rehén, y éste es el perdedor supremo.

UNA CORRUPCIÓN CONSUMIDORA

La naturaleza destructiva de un espíritu que no perdona es tal que no se limita a una relación. El resentimiento y otros sentimientos negativos se vuelcan en otras relaciones. Esta es la segunda razón por la cual la persona que no perdona pierde en la vida.

Desafortunadamente, la gente raramente se da cuenta cuando la hostilidad de una relación afecta su habilidad de llevarse bien con los demás. Así que las personas tratan y tratan, sin éxito, de bregar con sus diferencias con otros, sin reconocer la fuente verdadera del problema. Una vez que están cansadas de tratar de cambiar, excusan su insensibilidad como parte de su personalidad y esperan que, emocionalmente hablando, la gente resuelva el conflicto. Desarrollan la actitud de tómame o déjame, pero no trates de cambiarme, y en el proceso hieren a la gente que más aman.

Yo veo este proceso más a menudo en las relaciones matrimoniales. Cuando el esposo y la esposa vienen por consejo matrimonial, empiezo preguntándoles sobre sus relaciones con sus padres. Casi sin fallar, uno de ellos siente algo de amargura o resentimiento hacia ambos padres o hacia uno de ellos. Algunas veces los dos tienen estos sentimientos. A menudo la raíz de sus problemas matrimoniales se halla en la hostilidad que han sentido desde la niñez.

En casi todos los casos, las parejas tienen una queja valedera, porque en realidad sus padres los han herido. Pero su incapacidad o su falta de deseo de perdonar acaba por herirlos a ellos, ¡no a sus padres!

EL ASUNTO DEL RECHAZO

La tercera razón por la cual una persona que no perdona pierde en la vida, está ligada a las otras razones que acabamos de ver. Cuando se ha herido a una persona en alguna forma, ya sea en el matrimonio, negocios, amistades, o en alguna otra relación, ésta experimenta rechazo.

El caso clásico sería cuando un muchacho rompe sus relaciones con una muchacha porque ha encontrado a otra amiga. En su lucha con el rechazo, la muchacha jura que jamás confiará en otro joven.

Es fácil ver que la herida fue el resultado del rechazo. Este concepto también se aplica a otras situaciones donde hay necesidad de perdón. El siguiente incidente, que nos separó a mi hijo y a mí por años, ilustra cómo un espíritu que no perdona tiene sentimientos de rechazo en sus raíces.

Cuando Andy tenía alrededor de catorce años, descubrió que tenía talento musical, y comenzó a pasar bastante tiempo tocando el piano, principalmente de oído. Eso significaba muchos golpes de acordes con muy poca melodía. Para mí todo sonaba igual.

Un día, mientras subía las escaleras que están en la sala, le dije: «Andy, ¿eso es lo único que sabes tocar?» ¡Para mi oído ignorante, parecía que había estado tocando la misma pieza por horas! Mi hijo dejó de tocar de inmediato. Y nunca más volvió a tocar en mi presencia. El esperaba hasta que mi esposa y yo saliéramos, y luego pasaba horas practicando música. Yo comencé a oír de otras personas lo bien que Andy tocaba el piano, pero yo nunca oí otra nota suya del piano de la sala.

Hace algunos años cuando Andy tenía veinte años, nuestra conversación giró alrededor de su música. El me dio su versión de lo que pasó en la sala aquella tarde, y me confesó que estaba resentido conmigo desde entonces. ¿Por qué? Realmente no fue un asunto de tanta importancia para mí. No fue mi intención ofenderlo con lo que dije, pero para Andy, que era adolescente, lo que yo comuniqué fue esto: «Yo no te acepto a ti ni a tu música».

El era muy joven para entender que mi comentario fue dirigido a su música, y no *a él* como hijo mío. Y yo no fui lo suficientemente sensible como para entender que el floreciente artista veía poca distinción entre su trabajo y su persona. Así que yo lo herí, y él mantuvo eso en contra de mí. Andy me confesó que el resentimiento que tenía en su corazón hacia mí se desbordaba en otras relaciones en su vida, principalmente en aquellas en que estaba involucrada la autoridad.

Lo que yo quiero que usted entienda es que la causa del resentimiento de mi hijo fue rechazo percibido. Y digo «percibido» porque no fue mi intención rechazarlo. Su respuesta, sin embargo, fue igual que si el rechazo hubiera sido intencional.

Perdido y hallado

Después de escuchar a la gente por años narrar cómo han sido heridos y maltratados por padres, cónyuges, hijos, jefes y aun pastores, estoy convencido que al comienzo de cada historia hay una experiencia que ha sido interpretada como rechazo. Cuando el rechazo se desarrolla en un espíritu que no perdona, y eventualmente termina en amargura, causa tremendos daños. La persona experimenta un sentimiento profundo de vacío, como que le falta algo en su interior. Por lo tanto, busca recuperar lo que ha perdido, y casi siempre en el contexto de otras relaciones diferentes. Permítame dar un ejemplo para ilustrar este punto.

Un consejero que conozco me contó la siguiente historia: El dijo que un padre trajo a su hija para recibir consejo después de que ésta se había hecho un aborto. Cuando el padre comenzó a comunicar su preocupación sobre el bienestar espiritual de su hija, mi amigo se dio cuenta que la joven estaba muy resentida con su padre. También se notaba que ella no sentía ningún remordimiento por lo que había hecho, y que no deseaba estar allí.

Ella no prestó atención alguna a la conversación hasta que el consejero comenzó a explicar la continuidad usual de eventos que llevan a una joven a la relación sexual antes del matrimonio. Luego, él describió lo que debía ser una relación entre padre e hija, cómo un padre debe pasar tiempo con su hija, cómo le debe demostrar afecto y alabarla por su carácter y por sus logros. El explicó que cuando el padre ama a su hija, ella no se siente impulsada a buscar amor en la forma en que esta joven lo había hecho.

Antes de terminar lo que estaba diciendo, la joven interrumpió. Mirando a su padre, le dijo: «¡Tú nunca me amaste de esa forma! ¡Nunca pasaste tiempo conmigo! ¡Nunca escuchabas nada de lo que yo quería contarte!»

Luego, para asombro de mi amigo consejero, ella se volvió a él y le dijo: «Nunca he tenido amor en la forma que usted lo describió, pero estoy dispuesta a dar cualquier cosa por un amor así». Y mientras hablaba, cruzó las piernas en una forma provocadora.

¿Un ejemplo extremo? Tal vez, pero así es como sucedió. Algunas personas van a extremos para encontrar lo que han perdido a través del rechazo voluntario o involuntario. Y cuando la gente guarda resentimientos puede sentirse impulsada a explorar toda clase de avenidas. Y algunas de estas avenidas no son consecuentes con la vida cristiana.

EL JUEGO DE «LA ESPERA»

Hay una cuarta razón por la cual un espíritu que no perdona puede devastar una vida. Mientras que la persona que no perdona generalmente espera que la otra persona haga restitución, se pierde mucho tiempo. Durante ese tiempo, se desarrollan normas nuevas de comportamiento y procesos de pensamiento incorrectos. Como mencioné antes, se dañan otras relaciones. Aun después que se haya corregido ese espíritu que no perdona, los efectos secundarios tardan años en solucionarse, especialmente en la esfera de las relaciones.

La ironía de esta situación es que por negarse a perdonar y esperar que se haga la restitución, las personas dejan que su crecimiento personal y su desarrollo dependa de la decisión de alguien que no les agrada. Ellos se permiten a sí mismos ser rehenes. Dicen: «Si él se disculpa». «Si ella vuelve a mí». «Si él me vuelve a emplear». «Si ellos me invitan». Estas personas juegan al juego de «la espera». Esperan que otros sean los que dan el primer paso. Mientras tanto, le permiten a su espíritu no perdonador que teja lo que quiere en la tela que forma su vida.

Otro elemento irónico es que a veces la persona que ha ofendido no tiene idea de que exista nada malo. Una muchacha que cursaba el último año de la secundaria era muy amiga de mi hijo Andy, quien era pastor de los jóvenes. Andy empezó a notar que Alicia no se mostraba tan amigable como antes y que cada día estaba menos involucrada en el departamento de los jóvenes. El deseaba hablar con ella, y la trataba con amabilidad, pero la joven casi no le dirigía la palabra.

Después de varios meses, mi hijo llevó a los jóvenes a una montaña a esquiar en la nieve. Durante ese tiempo, una noche Alicia se acercó a Andy y le dijo que necesitaba hablar con él. La joven comenzó disculpándose por su actitud. Admitió que se sentía herida y que había guardado resentimiento contra Andy por algo que él le había dicho. Entonces le preguntó si él sabía lo que había dicho que la había herido tanto. Andy pensó y pensó pero no se acordó de nada.

Ella se sorprendió, lo regañó por su insensibilidad y le dijo: —Hace varios meses, yo hablé contigo en la escuela dominical y te dije que mi familia había acabado de comprar una mascota.

Andy todavía no se acordaba de nada.

Ella continuó: —Tú me preguntaste qué compramos y yo te dije que un pájaro.

—Sí —dijo él—, ahora me acuerdo. Yo te dije que los pájaros ensucian mucho y te pregunté por qué no compraron algo más útil como un perro.

Inmediatamente Andy se disculpó, y su amistad con Alicia fue restaurada. Desafortunadamente se desperdiciaron varios meses porque ella no bregó con su herida, y él no sabía que había hecho algo malo.

La mayor parte de las heridas y los rechazos que enfrentamos no son intencionales. Aunque a veces aparenten falta de solicitud, las personas que nos hieren, muchas veces no tienen la intención de ser insensibles.

Algunos escogen perder

Por lo que hemos examinado en este capítulo, espero que entienda esto claramente: La *persona que no perdona, siempre pierde*. No importa cuán equivocada pueda haber estado la otra persona, el que se niega a perdonar cosechará corrupción en su vida. Y esa corrupción comienza en una relación incluyendo la relación con Dios, y afecta a todas las demás.

Guardar resentimiento es como agarrar una serpiente de cascabel por la cola. Con seguridad que lo va a picar. Cuando el veneno de la amargura se esparce por todas las facetas de su personalidad, provoca la muerte. Y esta muerte tiene mucho más alcance que su muerte física, porque tiene el potencial de destruir a los que están a su alrededor al mismo tiempo que lo destruye a usted.

Decídase a actuar

¿Lo han herido? ¿Alguien, en el pasado, lo ha rechazado de tal forma que aún siente dolor cuando piensa en esa situación? ¿Critica usted a esas personas tan pronto como oye mencionar sus nombres? ¿Salió usted de su casa cuando era joven, o para asistir a la universidad, con gran alivio que se iba, jurando que jamás regresaría?

¿Ha trabajado duro durante toda su vida para no ser como sus padres? ¿Le gustaría vengarse de algunas personas? ¿Ha planeado cómo ajustar cuentas o avergonzarlas públicamente? ¿Fue maltratado de niño? ¿Tal vez alguien abusó de usted sexualmente? ¿Sufrió de niño por el divorcio de sus padres? ¿Perdió a sus padres cuando todavía era muy joven?

¿Fue forzado por las circunstancias a seguir una carrera diferente de la que había escogido? ¿No pudo asistir a la universidad que quería por razones financieras? ¿Algún amigo le arrebató una buena oportunidad de trabajo? ¿Le prometió algo su jefe y no cumplió esa promesa?

Si su respuesta es afirmativa a cualquiera de estas preguntas, puede estar al borde de ser liberado de una esclavitud que tal vez ni sabía que existía. Puede estar próximo a entender por primera vez por qué actuó como lo hizo en ciertas circunstancias y por qué parece no poder controlar su carácter. Tal vez esté a punto de recibir el discernimiento divino que necesita para restaurar su hogar destruido.

Cualquiera sea su situación y lo que haya sucedido en su pasado, recuerde que si no lo soluciona, usted es el perdedor con un espíritu que no perdona. Y la gente a su alrededor también sufre.

Mi propósito en escribir este libro es para que las personas sean libres. En el proceso tal vez se experimente dolor. En algunos casos, puede ser dolor que se ha tratado de evitar por años. Sin embargo, ese dolor es necesario para que haya sanidad.

Es mi plegaria que lea cada capítulo detenidamente y en oración. Mi meta es presentarle verdades eternas que pueda aplicar a las dolorosas experiencias de su vida. Y al hacerlo, amigo lector, confío que el Espíritu Santo tenga la oportunidad de restaurarlo completamente.

Preguntas para crecimiento personal

1. ¿Qué significa la palabra *perdón*?

2. ¿Cuáles son los tres elementos esenciales del perdón?

3. Mencione cuatro razones por las cuales el que no perdona es el verdadero perdedor.

4. ¿Qué ha aprendido en cuanto a sus circunstancias pasadas y sus acciones presentes?

Y los extraviados de espíritu aprenderán inteligencia, y los murmuradores aprenderán doctrina.

ISAÍAS 29.24

CAPÍTULO DOS

EL CUADRO COMPLETO

Las actitudes son muy difíciles de cambiar. Yo recuerdo que cuando niño me dijeron más de una vez: «¡Cambia tu actitud!» Como si hubiera habido un botón que yo pudiera tocar y que causara un cambio instantáneo en mi cerebro. Al tratar con un espíritu que no perdona (o rencor como algunos lo llaman), las personas necesitan un cambio de actitud completo. La siguiente historia ilustra cómo las actitudes pueden realmente cambiar.

Había una vez un niño que vivía con su mamá y su abuelo. Su abuelo no era un hombre anciano, pero estaba confinado a una silla de ruedas y usaba muy poco los brazos. Tenía cicatrices en el rostro, y tragaba los alimentos con dificultad.

Al niño se le había asignado la tarea de darle el almuerzo a su abuelo. El desempeñaba ese trabajo con fidelidad, pero sin gozo alguno. No era una tarea muy agradable darle de comer al abuelo.

Cuando el niño llegó a la adolescencia, se cansó de su responsabilidad. Un día entró enfadado a la cocina y le dijo a su madre: —Desde ahora en adelante tú puedes darle de comer al abuelo.

Con mucha tranquilidad, su madre dejó sus quehaceres, le indicó a su hijo que se sentara, y le dijo: —Hijo, ya no eres un niño y es hora de que sepas toda la verdad sobre tu abuelo. El no pasó toda su vida confinado a una silla de ruedas. En realidad, él era un buen atleta. Cuando tú eras bebé, ocurrió un accidente.

El joven se movió hacia el borde de la silla y su madre comenzó a llorar.

Ella dijo: —Hubo un incendio. Tu papá estaba trabajando en el sótano, y pensó que tú estabas arriba conmigo. Yo pensé que tú estabas abajo con él. Los dos salimos de la casa a prisa, y sin saberlo, te dejamos solo arriba. Tu abuelo estaba de visita, y fue el primero en darse cuenta de la situación. Sin decir ni una palabra entró a la casa, te encontró, te envolvió en una sábana mojada, y salió corriendo en medio de las llamas. El te trajo a salvo a tu papá y a mí. Inmediatamente lo llevamos al hospital con quemaduras de segundo y tercer grado. También sufrió daños por inhalación de humo. La razón de que él esté así es por lo que sufrió el día que te salvó la vida.

A esa altura, el muchacho también tenía los ojos llenos de lágrimas. El no lo sabía; su abuelo jamás se lo había mencionado. Y sin ningún esfuerzo de su parte, *su actitud cambió*. Sin más quejas, el joven tomó el almuerzo de su abuelo y se dirigió a la habitación de éste.

«AHORA VEO...»

Las actitudes cambian cuando conocemos todos los hechos, cuando vemos el cuadro completo. En este capítulo y en el siguiente miraremos el cuadro completo en cuanto al perdón. Examinaremos los hechos que nos darán la perspectiva correcta para entender las bases del perdón de Dios.

EL LUGAR DONDE TODO COMENZÓ

El pecado crea un déficit en la economía de Dios. Dondequiera que hay pecado, se toma o se demanda algo del pecador. En el capítulo 3 del libro del Génesis, la serpiente perdió su posición en el reino animal por el papel que desempeñó en la tentación de Adán y Eva (v. 14). Adán y Eva perdieron la armonía perfecta que había caracterizado su relación hasta entonces (v. 16). Además perdieron su hogar en el huerto del Edén (v. 24). En el capítulo 4 del Génesis encontramos que Caín perdió su habilidad de cultivar la tierra con eficacia. También perdió su lugar entre los hombres (vv. 12-14).

Podríamos ir a través de toda la Biblia ilustrando este principio. Dondequiera que hay pecado, el pecador pierde algo que está fuera de su alcance recuperar.

Otro principio, sin embargo, corre paralelo a éste. Históricamente, dondequiera que los seres humanos pecan contra Dios, él provee un cauce a través del cual la relación se pueda restaurar y mantener. Este es un concepto importante cuando examinamos la idea del perdón porque vemos en ella el deseo de Dios de tener comunión con hombres y mujeres desobedientes y pecadores.

Este principio demuestra el deseo de Dios de dar una segunda oportunidad a la raza humana. Al examinar cuidadosamente este segundo principio, nos daremos cuenta de que lo que forma la historia es el desarrollo de la estrategia de Dios para traer de nuevo a la humanidad a la comunión con él. La base para el perdón fue puesta inmediatamente después que se cometió el primer pecado, y Dios ha estado edificando sobre ese fundamento desde entonces. El primer ejemplo claro de este principio se encuentra en el caso de Caín y Abel.

> Y aconteció andando el tiempo, que Caín trajo del fruto de la tierra una ofrenda a Jehová. Y Abel trajo también de los primogénitos de sus ovejas, de lo más gordo de ellas. Y miró Jehová con agrado a Abel y a su ofrenda; pero no miró con agrado a Caín y a la ofrenda suya. Y se ensañó Caín en gran manera, y decayó su semblante. (Génesis 4.3-5)

La Biblia no nos da todos los detalles que rodean a esta narración, pero algunas cosas están claramente implícitas. En primer lugar, ambos, Caín y Abel, sabían que tenían que traer una ofrenda al Señor. Segundo, había una distinción entre una ofrenda *adecuada* y una *inadecuada*. Tercero, Caín y Abel sabían lo que Dios consideraba ofrendas adecuadas, y lo que consideraba ofrendas inadecuadas. Esto se evidencia en la respuesta de Dios a Caín cuando le dijo: «Si bien hicieres, ¿no serás enaltecido?» (Génesis 4.7).

Esta narración es importante para nuestro estudio porque ilustra el deseo de Dios de tener comunión con los miembros de la raza humana. La inferencia del texto es que inmediatamente después de la caída, Dios instituyó una forma por medio de la cual su pueblo pudiera restaurar la comunión con él. Dios tenía todo el derecho del mundo, de romper su relación con la humanidad después de que Adán y Eva pecaron en el huerto del Edén. Pero el amor de Dios por nosotros es tan grande que él detuvo su ira para darnos una segunda oportunidad.

MIRANDO HACIA ADELANTE

Otro ejemplo en el Antiguo Testamento del deseo de Dios de tener comunión con el hombre se encuentra en el sistema de sacrificios tal como se practicaba en Israel. El libro de Levítico describe en detalle el procedimiento que el individuo tenía que seguir para mantener comunión con Dios. A nosotros nos parece muy complejo. Nos da la impresión de que Dios complicó las cosas y que era muy difícil para el pueblo llegar a Dios. Pero todo el sistema de sacrificios es en realidad un cuadro de la gracia de Dios, porque él proveyó una forma para que su pueblo se acercara a él.

Veamos cómo se desarrollaba en la práctica el sistema de sacrificios:

> Llamó Jehová a Moisés, y habló con él desde el tabernáculo de reunión, diciendo: Habla a los hijos de Israel y diles: Cuando alguno de entre vosotros ofrece ofrenda a Jehová, de ganado vacuno u ovejuno haréis vuestra ofrenda. Si su ofrenda fuere holocausto vacuno, macho sin defecto lo ofrecerá; de su voluntad lo ofrecerá a la puerta del tabernáculo de reunión delante de Jehová. Y pondrá su mano sobre la cabeza del holocausto, y será aceptado para expiación suya. (Levítico 1.1-4)

El sistema de sacrificios era un recordatorio de que el castigo o la paga del pecado es la muerte. En vez de matar al pecador, sin embargo, se mataba un animal. Para significar que el animal era el sustituto, la persona que ofrecía el sacrificio ponía su mano en la cabeza del animal. Como resultado, la persona era aceptada delante del Señor. El término *aceptado* denota comunión con Dios.

Por medio de este sistema, Dios permitía que hombres y mujeres pecadores tuvieran comunión con el Creador santo y sin pecado. Dios no tenía la obligación de proveer tal sistema. Sin embargo, su deseo de comunión con su pueblo era tan fuerte que proveyó la manera de hacer posible esa comunión.

La expiación

El Antiguo Testamento usa una palabra interesante con relación al perdón de Dios. Esa palabra es *expiación*. En Levítico 6 leemos:

> Y para expiación de su culpa traerá a Jehová un carnero sin defecto de los rebaños, conforme a tu estimación, y lo dará al sacerdote para la expiación. Y el sacerdote hará expiación por él delante de Jehová, y obtendrá perdón de cualquiera de todas las cosas en que suele ofender. (Levítico 6.6, 7)

Expiación quiere decir «cubrir». Es la misma palabra hebrea usada en Génesis cuando Dios le dio las instrucciones a Noé para fabricar el arca: «Hazte un arca de madera de gofer; harás aposentos en el arca, y la calafatearás con brea por dentro y por fuera» (Génesis 6.14). Aquí se tradujo «calafatearás».

El significado de este término indica que el sistema de sacrificios era adecuado para aquel tiempo, pero que su naturaleza era temporal. Los pecados de los que vivían bajo el sistema levítico estaban *cubiertos* por el tiempo, pero no *perdonados* en el sentido absoluto de la palabra. ¿Por qué no? Porque la sangre de animales no es pago suficiente para la deuda incurrida por los pecadores. El testimonio del Nuevo Testamento afirma este hecho:

> Pero en estos sacrificios cada año se hace memoria de los pecados; porque la sangre de los toros y de los machos cabríos no puede quitar los pecados. (Hebreos 10.3, 4)

Al principio de este capítulo dije que el pecado crea un déficit en la economía de Dios. Cada vez que hay pecado, se toma o se demanda algo del pecador. Finalmente lo que Dios requiere del pecador como resultado del pecado es muerte, la muerte del pecador. Esto está claro en la advertencia de Dios a Adán en el huerto del Edén:

> Y mandó Jehová Dios al hombre, diciendo: De todo árbol del huerto podrás comer; mas del árbol de la ciencia del bien y del

mal no comerás; porque el día que de él comieres, ciertamente morirás. (Génesis 2.16, 17)

Y el apóstol Pablo lo confirma cuando dice:

Por tanto, como el pecado entró en el mundo por un hombre, y por el pecado la muerte, así la muerte pasó a todos los hombres, por cuanto todos pecaron. (Romanos 5.12)

Al continuar estudiando las Escrituras, nos damos cuenta de que esta muerte involucra más que el término de la vida física. Muerte en este sentido quiere decir separación eterna de Dios.

Y el que no se halló inscrito en el libro de la vida fue lanzado al lago de fuego. (Apocalipsis 20.15)

¿QUÉ ES LO QUE DETIENE A DIOS?

He aquí algunas de las preguntas que surgen: Si la paga del pecado es muerte, ¿por qué Dios no le quitó la vida a Adán y a Eva? ¿No dijo él que el «día» que pecaran «ciertamente» morirían? ¿Por qué él no hace lo mismo a todos los pecadores? ¿Qué es lo que lo detiene? ¿Por qué, si el pecado finalmente resultaría en muerte, les proveyó a Caín y Abel, y más tarde a Israel, un sistema por medio del cual la comunión pudiera ser restaurada?

La respuesta es simple y, sin embargo, en su profundidad cambia la vida. Dios desea algo más que retribución. El desea algo más que pago por la falta de respeto de que se le ha hecho objeto. Dios quiere comunión con nosotros. Y él estuvo dispuesto a suspender su propio sistema de justicia mientras hacía la provisión para que la humanidad pecadora fuera rescatada.

Note que no dije que Dios «pasó por alto» su sistema de justicia. El no podía hacer eso, porque el sistema por el cual él se rige es una expresión de su misma naturaleza. Lo que él hizo, como lo hemos visto, fue proveer un sistema temporal compatible con sus normas de justicia.

¿TIENE ALGUNA DUDA?

Antes de continuar, considere esta pregunta decisiva: ¿Está consciente que el Dios del universo desea tener comunión con usted? Quizá responda: «¡Pero usted no sabe lo que yo he hecho!» No, no lo sé, pero una cosa sí sé. Lo que usted haya hecho parece insignificante al lado del pecado de Adán y Eva. Ellos trajeron el pecado a la raza humana (Romanos 5.12). El pecado de ellos trajo la maldición de Dios sobre toda la tierra (Génesis 3.17). Su pecado trajo la muerte a todo ser viviente, tanto a los seres humanos como a los animales.

Sin embargo, a pesar de eso, Dios se preocupó lo suficiente por Adán y Eva como para matar un animal y hacerles vestidos de piel, cubrir su desnudez y esconder su vergüenza (Génesis 3.21). Aunque su pecado no fue quitado, fue cubierto hasta que se pudiera hacer algo permanente. El sistema de los sacrificios comenzó cuando se mató a un animal para proveer la piel para vestir a Adán y a Eva. Era un sistema que les permitiría a Dios y a su pueblo tener comunión otra vez.

Si Dios estuvo dispuesto a restaurar la comunión con Adán y Eva tan rápidamente, ¿tendría sentido que no hiciera lo mismo con nosotros? Y si el Padre celestial estuvo dispuesto a actuar con tanta premura para restaurar la comunión con los pecadores, ¡cuánto más rápidamente deberíamos actuar nosotros para restaurar la comunión con las personas que nos han ofendido!

El cuadro completo es como sigue. La gente le dio la espalda a Dios, y él inmediatamente comenzó a bregar con ella para recuperar la comunión. Estas observaciones del Antiguo Testamento deben ser suficientes para convencernos de que Dios es un Dios de amor y perdón. El perdona porque desea perdonar, no porque esté obligado a hacerlo. Su perdón no se nos otorga sobre bases individuales, dependiendo del pecado cometido. Por el contrario, en el Antiguo Testamento Dios estableció un sistema por el cual *cualquier hombre o mujer podía llegarse a él a pesar del pecado cometido*. Estos mismos principios para recibir el perdón se aplican en el Nuevo Testamento. (En el próximo capítulo veremos la solución permanente de Dios para el problema del pecado.)

¿Sus caminos o nuestros caminos?

Un gran impedimento para experimentar el perdón de Dios es la indisposición de aceptar el marco de referencia de Dios en cuanto al pecado y la incapacidad del individuo de hacer algo al respecto. Lo que algunas personas hacen es crear su propio sistema para alcanzar el perdón y quieren imponérselo a Dios. Y cuando llega el momento en que sus emociones están a tono con su manera de pensar, es casi imposible que puedan aceptar ninguna otra forma. Generalmente, sus sistemas sustitutos desestiman las consecuencias del pecado y sobreestiman su propia habilidad para remediar la situación.

Tal vez usted sea una de esas personas. Le insto a que piense en dos cosas. Primero, Dios y solo Dios entiende la realidad de su condición pecaminosa. Solo Dios entiende su necesidad en términos de su relación con él. Por lo tanto, dejando de lado lo que su mente y emociones le digan, y dejando de lado lo que a usted le parezca bien o mal, el plan de perdón de Dios es el único plan en el que puede depositar su confianza.

Segundo, dado que eso es cierto, ¿está dispuesto a examinar su corazón y pedirle a Dios que le revele cualquier sistema sustituto en el que se ha estado apoyando? ¿Está dispuesto a dejar a un lado esas cosas y pedirle a Dios que le muestre su *camino* al verdadero perdón?

Caín decidió acercarse a Dios a su manera, de acuerdo a lo que tenía sentido para él. El resultado de su decisión fue desastroso. Si usted insiste en buscar el perdón de otra forma que no sea la de Dios, el resultado también será desastroso. Pero si, desde la perspectiva de Dios, mira su pecado y la provisión de Dios para bregar con él, experimentará la libertad que viene al saber que *ha sido realmente perdonado*.

Preguntas para crecimiento personal

1. ¿De qué forma crea el pecado un déficit en la economía de Dios?

   ¿Qué se requiere para balancear esa economía?

2. ¿Qué significa la palabra expiación?

3. ¿Por qué Dios requiere más que retribución?

4. ¿Cuál es el impedimento para experimentar el perdón de Dios?

   ¿Ha estado usted aferrado a sistemas sustitutos para obtener el perdón?

De éste dan testimonio todos los profetas, que todos los que en él creyeren, recibirán perdón de pecados por su nombre.

Hechos 10.43

CAPÍTULO TRES

LA ÚNICA SOLUCIÓN

Uno de los profesores del seminario que más recuerdo tenía una forma práctica de ilustrar el concepto de la gracia. Al finalizar su curso de evangelismo entregaba un examen con la advertencia de leerlo por completo antes de comenzar a contestarlo. Esa advertencia estaba también escrita en el examen.

Al ir leyendo las páginas, nos dábamos cuenta que no habíamos estudiado lo suficiente. Mientras más leíamos, peor nos sentíamos. Cuando íbamos por la mitad se podían oír quejas en la sala de clase. Al llegar a la última página, estábamos listos para entregar el examen en blanco. No había esperanzas de pasarlo.

Sin embargo, en la última página había una nota que decía: «La elección es tuya. Puedes completar el examen tratando de contestar todas las preguntas, o simplemente firmarlo a continuación, y recibirás una nota sobresaliente».

¡Oh! Nos sentíamos aturdidos. ¿Sería una broma? ¿Una nota sobresaliente por solo firmar el examen? Lentamente, el punto se aclaró, y uno por uno entregamos nuestros exámenes y silenciosamente salimos del aula. Me pasé toda la tarde pensando en eso. Sentí la urgencia de ir a ver a mi profesor para asegurarme de que no era una broma.

Cuando más tarde hablé con él sobre este asunto, compartió conmigo algunas de las reacciones que había recibido a través de los años al dar el mismo examen. Siempre había estudiantes que no seguían las instrucciones y comenzaban a contestar las preguntas sin leer todo

• 24 •

primero. Algunos transpiraban las dos horas completas de la clase antes de llegar a la última página. El no obedecer las instrucciones les había costado ansiedad innecesaria.

Luego estaban aquellos que leían las dos primeras páginas, se airaban y entregaban la hoja en blanco saliendo a toda prisa del salón. Como no se dieron cuenta de lo que estaba a su disposición, lo perdieron irremediablemente.

Sin embargo, un joven hizo algo diferente a todos los demás. El leyó todo el examen, incluyendo la nota al final, pero decidió tomarlo de todos modos. No quería ningún regalo; deseaba ganar su nota. Y lo hizo. Sacó una nota regular, que fue admirable considerando lo difícil que era el examen. Pero fácilmente podría haber sacado una nota sobresaliente.

ACCIONES Y REACCIONES

Esta historia ilustra vívidamente cómo reacciona la gente a la solución de Dios para el pecado. Muchos son como el primer grupo. Pasan su vida tratando de ganar lo que descubren años más tarde, que era absolutamente gratis. Pasan años transpirando, preguntándose si Dios escucha sus súplicas de perdón, siempre con la incógnita de si han alejado a Dios demasiado de sus vidas. Ellos esperan que Dios los haya perdonado y suponen que así es. Hacen todo lo que creen que les otorgará el perdón. Pero en lo que respecta a Dios, no desean ser presuntuosos, así que viven sus vidas dudando.

Muchos individuos responden como los del segundo grupo. Al ver las normas de Dios, que son perfección moral y ética, se dan por vencidos. *¿Por qué tratar siquiera?*, se dicen a sí mismos. *Jamás podría cumplir con todo eso.* Viven como les place, sin esperar nada de Dios cuando mueran. A menudo piensan que no hay Dios. Lo que los lleva a esta conclusión es su reconocida incapacidad para vivir de acuerdo a las normas de Dios. En vez de vivir bajo constante presión y sentimientos de culpa, escogen dejar de lado las normas divinas. ¡Qué sorpresa se llevarán cuando estén frente a Dios y se den cuenta de lo que tenían a su disposición si solo lo hubieran pedido!

Luego se encuentra la persona que da el examen de todos modos. Siempre me encuentro con personas así, que simplemente no están dispuestas a recibir el don del perdón. Hacen las cosas a su manera y luchan por ganar suficientes méritos con Dios para tener derecho a mirar a su propia bondad como medio de perdón. Constantemente trabajan «para ganar méritos» con Dios por medio de sus buenas obras. «Claro que tengo mis faltas», dicen. «Pero Dios no espera que nadie sea perfecto».

Cuando se habla del perdón, no hay lugar para vanagloriarse en la habilidad personal. Como veremos, el perdón no es un esfuerzo de grupo. No es asunto de que Dios haga su parte y nosotros la nuestra. En la economía de Dios, a diferencia del examen de mi profesor, cualquier puntuación menor de un cien por ciento, es nota de reprobar.

LO MÁS IMPORTANTE

Lo más importante es que por medio de Cristo, Dios resolvió el problema del pecado quitándole la habilidad de interrumpir nuestra relación con él. Veamos cómo lo hizo.

Como hemos visto, la entrada del pecado en el mundo significó la pérdida de la vida física para la raza humana (lo cual es un proceso gradual), y la pérdida de su justicia delante de Dios. Se interrumpió la comunión con el Creador santo.

Había otro aspecto en el asunto del pecado y su relación con la muerte. Dios demandaba la vida del pecador: «Porque la paga del pecado es muerte» (Romanos 6.23). El pecado dio como resultado la muerte del pecador.

Aunque el pecado merecía acción inmediata de parte de Dios, él en su misericordia no juzgó inmediatamente a la humanidad. Escogió suspender el juicio para darle una segunda oportunidad a la gente.

El tiempo es el factor clave. Cada individuo tiene la duración de su vida para restaurar su relación personal con Dios. Una vez que la vida termina, sin embargo, viene el juicio: «Y de la manera que está establecido para los hombres que mueran una sola vez, y después de esto el juicio» (Hebreos 9.27).

Por su inexplicable amor, Dios deseó (y todavía desea) tener comunión con los hombres y las mujeres. Como vimos en el capítulo 2, él estableció un sistema temporal a través del cual la comunión pudiera ser restaurada y mantenida, y el pecado pudiera ser cubierto, pero no perdonado. El pecado tendría que ser perdonado antes de que el problema del pecado pudiera ser resuelto de una vez por todas. Y aquí es donde entra Cristo.

LA ECONOMÍA DE DIOS

Para entender cómo la venida de Cristo facilitó el perdón del pecado, debemos entender algunas cosas básicas acerca de la naturaleza de Dios. La justicia de Dios (o sea, su pureza y santidad), estableció, por definición, una norma que tendría que cumplir todo aquel que tuviera comunión con él. En otras palabras, ciertas cosas tenían que ser verdaderas acerca de las personas para que Dios las aceptara.

Cuando digo que esta norma se establece por definición de su naturaleza justa, quiero decir que Dios no la estableció arbitrariamente como estableceríamos nosotros las reglas de un juego. Si ése fuera el caso, él podría cambiar su norma y todo el mundo sería aceptable. La norma justa de Dios fluye de su naturaleza inalterable.

La justicia de Dios se puede comparar con el fuego. Para que un material que es expuesto al fuego no se queme, tiene que poseer ciertas características. La naturaleza del fuego determina lo que no se quema y lo que se destruye.

La justicia de Dios se puede comparar con el agua. Para que un animal pueda vivir bajo el agua, tiene que poseer ciertas características. Cualquier animal que no posea esas características, no sobrevivirá bajo agua. Y esas características no se pueden cambiar porque fluyen de la misma naturaleza del agua.

Así es con Dios. Su naturaleza demanda que aquellos que desean tener una comunión ininterrumpida con él y algún día morar en su presencia, tengan ciertas características. Específicamente, su naturaleza demanda santidad, o perfección, pero la presencia del pecado nos hace inaceptables a él. Pablo expresa este concepto cuando escribe: «...por cuanto todos pecaron, y están destituidos de la gloria de Dios» (Romanos 3.23).

Nuestros pecados «nos destituyen». Nuestros pecados nos descalifican a la luz de la norma de Dios. El pecado nos pone en una relación con Dios en la cual le debemos algo. Tenemos que pagar por lo que hemos hecho al igual que los criminales tienen que pagarle a la sociedad por los crímenes cometidos. Es por eso que la solución debe quitar las consecuencias de nuestro pecado y restaurarnos a un estado en el cual éste ya no se cuente contra nosotros. De alguna manera, lo que se hizo a través del pecado tiene que deshacerse. Así que, ¿cómo sucede esto? ¿Cómo puede llegar a ser santo el pecador?

YA ESTÁ TODO ARREGLADO

Tal vez usted se esté preguntando por qué no avanzamos más rápidamente. He repetido algunos puntos importantes porque necesitamos entender tanto como sea humanamente posible acerca del perdón de Dios. Hasta que no tengamos todo claro en la mente, es poco probable que cambiemos nuestra manera antibíblica de pensar, la cual, por estar acostumbrados a ella, nos resulta muy cómoda. También nos resultará difícil cambiar la forma en que oramos hasta que no veamos cómo cada pieza del rompecabezas está en su lugar. Y hasta que no hayamos sido confrontados (y hayamos aceptado) la bondad incondicional de Dios, tendremos dificultad para perdonar a nuestros semejantes.

UNA SEGUNDA OPORTUNIDAD

Para ayudarnos a entender mejor cómo Dios puede deshacer lo que ha sido hecho concerniente a nuestro pecado, miremos a un aspecto de nuestro sistema de justicia. Una persona pierde sus derechos civiles si se la condena por un crimen. Pierde el derecho a votar y nunca más podrá ocupar un cargo público. Estos derechos solo pueden ser restaurados cuando el gobernador del estado o el presidente le otorga el perdón.

Lo interesante sobre este perdón es que no está condicionado a la inocencia de la persona. Es decir, que el hecho de recibir este tipo de perdón no quiere decir que la persona haya sido inocente. Simplemente quiere decir que la persona no tiene que pagar por la ofensa, y que no hay consecuencias legales o civiles. De acuerdo a la ley, entonces, un gobernador o el presidente tiene el poder de darle libertad a un individuo culpable. Esta persona nunca pagará por el delito que ha cometido, ni sufrirá ninguna de las consecuencias que son normales en estos casos.

Al igual que las personas condenadas por un delito, nosotros también hemos perdido nuestra ciudadanía. El pecado ocasionó la pérdida de nuestro derecho para entrar en el reino de Dios. Como un gobernador, Dios tiene el poder de perdonar a los culpables. Sin embargo, hay una diferencia muy grande. En nuestro sistema legal no se tiene que pagar por un crimen. Un gobernador tiene la facultad de perdonar a una persona sentenciada, y eso concluye el asunto. Pero la naturaleza de Dios requiere que los que habitan en su presencia sean santos, es decir, que no hayan cometido ningún pecado o que no tengan pecados por los cuales no se ha pagado. La naturaleza de Dios no les permite pasar por alto el pecado. El pecado lleva consigo un castigo que no se puede pasar por alto. El autor de Hebreos lo resume de esta manera «...y sin derramamiento de sangre no se hace remisión» (Hebreos 9.22). Por otro lado, una vez que se ha pagado por el pecado, nada obstaculiza nuestra relación con Dios.

Piense en lo siguiente. Un constructor no puede hacer los pagos de su préstamo, y se dirige al presidente del banco y le pide disculpas por su insolvencia. Le pide que lo perdone y le dice que quiere continuar haciendo negocios con el banco en el futuro. No importa lo bondadoso y comprensivo que sea el presidente del banco, la naturaleza de su trabajo no le permite simplemente darle unas palmaditas en la espalda al constructor y decirle: «No se preocupe, lo entendemos. Olvídese del dinero y trate de ser puntual en el pago de sus deudas en el futuro». Esto no sucede así. El constructor no estará en buenas relaciones con el banco hasta que haya pagado su deuda.

Nuestro pecado y la deuda resultante nos dejó en una posición en la cual necesitábamos tanto el *perdón* como la *paga*. La situación era desesperante. No teníamos el potencial de recuperar por nosotros mismos lo que se necesitaba para hacernos aceptables a Dios. Fue una derrota; terminó el juego; no había nada que pudiéramos hacer. Y no podíamos culpar a nadie más por esto. Sin embargo, en nuestra hora más oscura, Dios nos dio un Ayudador adicional y con eso, una segunda oportunidad.

MALAS NOTICIAS Y BUENAS NOTICIAS

Al pensar en lo que se ha dicho hasta ahora, notará que no se ha mencionado el *grado* del pecado ni la cantidad del mismo. Esto es porque ambos son irrelevantes. Sin embargo, si usted es como la mayoría de la gente con la que hablo cada semana, éstos son los dos asuntos con los cuales tal vez esté batallando al dudar de la disposición y habilidad de Dios para perdonarlo. Las malas noticias son las buenas noticias. Tomó solamente un mal movimiento en el tablero de la vida para perder el derecho a la comunión con Dios. Esa es la mala noticia. La buena noticia es que no hay grados de separación de Dios.

Tal vez el siguiente ejemplo aclare lo que quiero decir. Es similar a la situación de dos personas que perdieron su trabajo. Una fue despedida por llegar tarde al trabajo; la otra porque robaba de la caja registradora y por falsificar el horario de su trabajo al marcar la tarjeta. Lo que el primero hizo ni siquiera se puede asociar con las acciones del segundo. Pero ser despedido es ser despedido, y las dos personas quedaron sin trabajo.

Si usted puede entender que todos están en la misma situación de separación de Dios, le será mucho más fácil aceptar la solución de Dios para el problema del pecado. Pablo expresa la misma idea de esta forma:

> Así que, como por la transgresión de uno vino la condenación a *todos* los hombres, de la misma manera por la justicia de uno vino a *todos* los hombres la justificación de vida. Porque así como por la desobediencia de un hombre los *muchos* fueron constituidos pecadores, así también por la obediencia de uno, los *muchos* serán constituidos justos. (Romanos 5.18, 19 cursivas añadidas).

Pablo coloca a todo el mundo en una de dos categorías: *condenados* o *justificados*. El no menciona cantidad o calidad de pecados.

Es muy importante que reconozcamos otra verdad en este pasaje. Hemos visto cómo nuestro pecado nos metió en una deuda que no era negociable en vista de la naturaleza de Dios, y que no se podía pagar en relación con nuestra habilidad para pagarla. Sin embargo, lo que Pablo implica en estos versículos, y lo dice claramente en otros pasajes, es que de la misma manera que el pecado de un hombre (Adán) afectó a todos los hombres y mujeres, así la justicia de un Hombre (Cristo) deshizo lo que había hecho Adán. Si un hombre perjudicó a toda la raza humana, ciertamente el Hijo de Dios arregló ese daño. En otras palabras, Cristo canceló nuestra deuda cuando la asumió, y pagó el precio requerido.

LA CANCELACIÓN DE LA DEUDA

Usar la analogía de la deuda al hablar del pecado y sus consecuencias encaja perfectamente con el enfoque del Nuevo Testamento. Pablo escribe:

Y a vosotros, estando muertos en pecados y en la incircuncisión de vuestra carne, os dio vida juntamente con él, perdonándoos todos los pecados...

Y luego ilustra lo que ha escrito añadiendo:

...anulando el acta de los decretos que había contra nosotros, que nos era contraria, quitándola de en medio y clavándola en la cruz. (Colosenses 2.13, 14)

Podemos hacer una paráfrasis del versículo 13 de esta manera: «El nos dio vida juntamente con él por medio del perdón de todas nuestras transgresiones». El perdón es la forma en que Dios nos dio vida.

La frase «perdonándoos todos los pecados» quiere decir lo mismo que «anulando el acta de los decretos que había contra nosotros». El perdón es entonces la cancelación de una deuda.

El apóstol Pablo se refiere aquí a una práctica familiar a su auditorio del primer siglo. En aquellos días, cuando un hombre le debía algo a alguien, le firmaba un *acta o certificado de deuda*. Esa acta incluía todo lo que se debía junto con los términos de pago. El deudor, el prestamista y un testigo firmaban el documento.

En un sentido, cada uno de nosotros tiene un acta de deuda, y la muerte de Cristo la canceló. Pablo dice: «Quitándola de en medio y clavándola en la cruz». A menudo un ex deudor clavaba su certificado cancelado en un lugar público para que todos supieran que había pagado su deuda. Siguiendo esta práctica, Pablo dice que nuestra deuda fue clavada en la cruz con Cristo, queriendo decir que ha sido cancelada totalmente. No tenemos ninguna obligación legal.

Si hemos entendido correctamente la analogía de Pablo, no debe haber ninguna duda que el perdón total del pecado es por medio de Cristo. Y eso incluye todos los pecados, los que ya hemos cometido y los que cometeremos. Desde la perspectiva de la cruz, todos eran futuros. Así que, Pablo podía decirles a los creyentes que nunca había conocido: «...os dio vida juntamente con él, perdonándoos todos los pecados» (Colosenses 2.13). El no necesitaba saber cuántos pecados habían cometido los colosenses. No necesitaba saber la naturaleza de sus pecados. Todo lo que necesitaba saber era que ellos se habían dirigido a Dios para que los perdonara por medio de Cristo. Entonces eso fue suficiente, y ¡también es suficiente hoy!

Puedo decirle con absoluta seguridad, que si usted ha confiado en la muerte de Cristo en la cruz como el pago de sus pecados, sus pecados le han sido perdonados. Yo no lo conozco a usted más de lo que Pablo conocía a los colosenses, a los efesios o romanos que leyeron sus cartas. Pero no importa. Todos estamos condenados sin Cristo, y todos podemos recibir perdón por medio de él. No importa lo que usted haya hecho, cuántas veces lo ha hecho, o a quien ha ofendido en el proceso, Dios lo ha perdonado.

Si en su mente le quedan dudas acerca de su situación particular, es obvio que todavía está pensando en el perdón de acuerdo a normas de su propia fabricación. Si lo que he dicho hasta aquí es cierto, por medio de Cristo usted tiene perdón (Efesios 1.7). Ahora mismo mientras lee estas páginas, usted es un hijo de Dios perdonado. No es necesario continuar cargando con sentimientos de culpa. Más adelante le explicaré cómo luchar con sentimientos de culpa falsos. Pero para comenzar, tiene que aceptar la verdad acerca de su pasado sin esperanza, como también de su estado presente perdonado. *Usted está perdonado.*

«DIOS MÍO, DIOS MÍO»

En este momento usted tal vez se pregunte: «Si nuestro pecado demandaba muerte, y esa muerte involucraba separación eterna de Dios, ¿cómo pudo Cristo pagar el castigo de nuestro pecado y después sentarse a la diestra del Padre?» Si él tomó nuestro lugar, parecería que lo que le esperaba sería el infierno. Es allí donde íbamos nosotros, ¿no es cierto? Al buscar respuestas nos confrontamos nuevamente con el deseo de Dios de restaurar comunión con la humanidad. Como veremos, Cristo tuvo que sufrir el castigo que nos correspondía a nosotros.

Marcos describió la crucifixión de Jesús de esta forma:

> Cuando vino la hora sexta, hubo tinieblas sobre toda la tierra hasta la hora novena. Y a la hora novena Jesús clamó a gran voz, diciendo: Eloi, Eloi, ¿lama sabactani? que traducido es: Dios mío, Dios mío, ¿por qué me has desamparado? (Marcos 15.33, 34)

Mientras pendía de la cruz, Cristo experimentó la separación de su Padre celestial que nos correspondía a nosotros. La separación fue tan profunda que se dirigió a Dios de una forma diferente. Hasta ese momento él había hablado de Dios como su Padre. De repente clamó: «Dios mío». En esa relación no había intimidad, calor o cercanía. No existía la seguridad que había experimentado horas antes cuando les dijo a sus discípulos:

> He aquí la hora viene, y ha venido ya, en que seréis esparcidos cada uno por su lado, y me dejaréis solo; mas no estoy solo, porque el Padre está conmigo. (Juan 16.32)

¿Por qué el cambio? Porque el pecado requería separación del Único Santo. Tomando sobre él la responsabilidad de nuestro pecado (2 Corintios 5.21), Cristo voluntariamente se puso a sí mismo en una posición en la que ya no tenía comunión con el Padre celestial. Así como Adán fue echado del huerto del Edén, así también Cristo, en un sentido, perdió la posición que le daba su calidad de hijo de Dios.

Piense en lo siguiente. ¿Cómo se sentiría usted si la persona a quien más ama, cuya aprobación valora más que la de ninguna otra persona, de repente lo abandonara? Tal vez haya experimentado un dolor así, la clase de dolor que no le desea a su peor enemigo. Sin embargo, Cristo se ofreció a sufrir esa clase de dolor multiplicado por diez mil, por así decirlo, porque era la única manera de que usted volviera a tener comunión con Dios. Era de la única manera en que Dios podía perdonarlo. Porque Dios quería restablecer la comunión con usted, y no escatimó precio alguno para lograrla.

Después de volverse pecado por nosotros y de sufrir el castigo que nosotros merecíamos, Cristo fue aceptado nuevamente en la comunión con su Padre celestial.

> Pero Cristo, habiendo ofrecido una vez para siempre un solo sacrificio por los pecados, se ha sentado a la diestra de Dios, de ahí en adelante esperando hasta que sus enemigos sean puestos por estrado de sus pies; porque con una sola ofrenda hizo perfectos para siempre a los santificados. (Hebreos 10.12-14)

Cristo fue aceptado de nuevo en la comunión con Dios por los méritos de su propia justicia. El no necesitaba ningún sacrificio por su pecado, porque no tenía ninguna deuda que pagar. Porque no tuvo pecado, tenía el derecho, por sus propios méritos, de sentarse a la diestra de Dios.

USTED DEBE ELEGIR

Cristo es la solución de Dios para tratar con el pecado. Solo a través de Cristo podemos encontrar perdón. Y una vez que hemos encontrado ese perdón, es un asunto resuelto en cuanto al pecado pasado, presente y futuro. Los detalles de lo que hemos hecho, por qué lo hicimos, y cómo lo hicimos tantas veces son irrelevantes. Pecado es pecado; perdido es perdido; paga es paga; perdón es perdón. O hemos sido perdonados o no hemos sido perdonados.

¿Hay pecados en su pasado que parecen cernirse sobre usted como una oscura nube? Cuando ora, ¿algo en su interior le hace dudar que Dios vaya a escucharlo por causa de su pasado? ¿Siente que su potencial para el reino de Dios ha sido destruido por causa de su desobediencia en el pasado? Si responde *afirmativamente* a cualquiera de estas preguntas, todavía no ha aceptado cabalmente la solución de Dios para su pecado. Todavía sigue aferrado a una manera de pensar que lo mantendrá esclavo por el resto de su vida. Usted se ha resignado a vivir una vida derrotada en la cual nunca alcanzará lo que Dios quiere que usted realice en su reino.

Yo quiero que usted sea libre. Más importante aun, Dios quiere que sea libre. Y porque él lo desea, sacrificó lo que más quería. Yo le insto a que medite en los conceptos de este capítulo. Pídale a Dios que los sumerja dentro de su subconsciente para que se conviertan en la rejilla a través de la cual interprete todas las experiencias de su vida. Hasta que no pueda verse como un hijo de Dios perdonado, no podrá gozar de la comunión que la muerte de Cristo hizo posible.

Preguntas para crecimiento personal

1. Nombre tres maneras en que la gente puede reaccionar a la oferta de perdón de Dios.

   ¿Qué es lo que está mal con esas reacciones?

2. Explique en qué forma el perdón de Dios es semejante al perdón que otorga un presidente o gobernador.

   ¿Por qué la culpa de la persona que es perdonada no tiene nada que ver con este tipo de perdón?

3. ¿Por qué la *cantidad* o el *grado* de pecado no tiene nada que ver con el juicio de la culpa?

   ¿Por qué el perdón es un asunto resuelto, aun para pecados futuros, una vez que se ha hallado el perdón?

4. ¿Qué pecados pasados se ciernen todavía sobre su cabeza?

   ¿Ha aceptado completamente la solución de Dios para su pecado?

Tu fe te ha salvado, ve en paz.

LUCAS 7.50

CAPÍTULO CUATRO

LA FE Y EL PERDÓN

Uno de los hábitos que más me costó abandonar fue lo que yo llamaba el «juego del tiempo». Esto era lo que sucedía. Cometía un pecado, me sentía culpable y le pedía a Dios que me perdonara. Luego, dependiendo de la magnitud del pecado, esperaba que pasara un tiempo antes de pedirle algo más a Dios. A veces esperaba una hora, y en otras ocasiones esperaba hasta el día siguiente. Ahora me doy cuenta que ésta era la forma que tenía de castigarme. A sabiendas hacía esto por respeto a Dios. Yo sabía que Dios perdona, pero sentía que tenía que darle un tiempo para que se calmaran las cosas, antes de comenzar otra vez. Yo no podía continuar como si nada hubiera pasado. Entendía todo lo concerniente a la teología del perdón, pero lo que sabía intelectualmente no se había hecho realidad en mi corazón, emociones y conducta.

Mucha gente tiene este mismo problema. Asienten con la cabeza cuando el pastor habla sobre el amor incondicional de Dios y su deseo de restaurar la comunión con la humanidad perdida. Pero cuando el ministro le formula a uno de esos individuos la siguiente pregunta: «¿Cree que Dios lo ha perdonado?», recibirá estas respuestas: «Espero que sí». «No creo que lo sepamos en esta vida». Pero muchos creyentes dudan de que Dios les haya perdonado todos sus pecados; no pueden creer que Dios no les esté guardando algo para usar en su contra.

Hay dos cosas que siempre estarán presentes hasta que no hayamos resuelto el asunto del perdón y tengamos la certeza absoluta de que hemos sido perdonados. Primero, nunca tendremos mucha fe cuando le formulamos peticiones a nuestro Padre celestial. Siempre sentiremos que Dios guarda algo en contra de nosotros. Segundo, pondremos a otros en el mismo nivel en que nos colocamos a nosotros mismos. Como siempre estamos tratando de hacer algo para ganarnos el perdón, inconscientemente presionaremos a otras personas para que traten de ganarse nuestro perdón. Tendremos la tendencia de recordarles a los demás sus fracasos y su necesidad de remediarlos.

Un creyente que funciona en base a «pagar» o «reembolsar», en lo que se relaciona con su posición ante Dios, es como un hombre que gana un automóvil y sigue yendo a pie a todos lados. La gente comenta lo lindo que es el vehículo y el hombre está de acuerdo. Lo mantiene limpio, y lee el manual varias veces hasta que se familiariza con cada aspecto del mismo. Sin embargo, el automóvil no desempeña la función para la cual fue diseñado, por exclusiva culpa del hombre. El vehículo está a su disposición, pero a este hombre eso no le hace ninguna diferencia. Esto es lo que sucede con el creyente que no acepta el perdón de Dios.

CERTEZA ABSOLUTA

Dios desea que vivamos con la certeza absoluta de que hemos sido completamente perdonados. Para facilitarnos esta certeza, él ha provisto direcciones para que podamos estar seguros de que su don de perdón ha sido aplicado a la situación de cada persona. En el capítulo 3 vimos cómo opera el perdón, cómo cada pieza del rompecabezas cabe en su lugar. En este capítulo veremos la puerta a través de la cual cada individuo tiene que pasar para apropiarse del perdón de Dios.

Mi propósito aquí es doble: proveer seguridad para algunos e instrucción para otros. Yo deseo que aquéllos que han pasado a través de esta puerta tengan la absoluta seguridad de que han sido perdonados, porque han hecho las cosas siguiendo las pautas establecidas por Dios. Para los demás, aquellos que tal vez no han entendido cómo funciona el perdón de Dios, quiero aclarárselo, para que también puedan disfrutar de él.

El capítulo 3 puede considerarse la preparación de un contrato con sus diferentes condiciones. Este capítulo puede considerarse la firma de dicho contrato, cuando el abogado le da un bolígrafo y le señala el lugar para la firma. Solo después que usted firma este documento legal, lo que allí dice se aplica a usted.

En la misma forma, Dios nos ha dejado instrucciones para firmar su contrato del perdón. Sin embargo, muchos creyentes tienen la tendencia de añadirle puntos o volver a definir sus términos, complicándolos. Pero si lo que hemos visto hasta aquí es verdad, que Dios desea comunión con nosotros, es lógico pensar que sus instrucciones van a ser tan simples como sea posible.

EL LUGAR PARA LA FIRMA

Las leyes levíticas del Antiguo Testamento explicaron la forma en que un individuo se beneficiaba con la oferta de Dios de expiación. Veamos nuevamente el sistema de sacrificios.

> Y pondrá su mano sobre la cabeza del holocausto, y será aceptado
> para expiación suya. (Levítico 1.4)

Un hombre tenía que llevar un sacrificio que cumpliera ciertos requisitos, y sacrificarlo en el altar. Como señalé en el capítulo 2, no solo el que ofrecía el sacrificio tenía que llevar el animal, sino también tenía que poner sus manos sobre la cabeza de dicho animal mientras era sacrificado. Así se identificaba con el animal que moría, y se apropiaba de la promesa de expiación de Dios.

¿Qué es lo que equivale en el Nuevo Testamento a la imposición de las manos sobre la cabeza del sacrificio? Al igual que los santos del Antiguo Testamento, nosotros también tenemos que tener una manera de hacer nuestras las promesas de Dios.

El punto de identificación para los creyentes del Nuevo Testamento es la *fe*. Tal vez una mejor palabra sea *confianza*. Para apropiarnos del perdón de Dios, tenemos que ejercitar la fe. Tenemos que confiar que Dios aplicará su obra redentora por medio de Cristo a nuestra cuenta cuando estampamos nuestra firma en el certificado del perdón.

Ahora necesitamos considerar lo siguiente. ¿Nos damos cuenta de que cada vez que llevamos a cabo «el juego del tiempo» con Dios, estamos dándole la espalda a sus medios que nos aseguran el perdón, y estamos creando nuestros propios medios? Lo que es peor, estamos cambiando un sistema de fe por un sistema de obras.

Cuando nos castigamos a nosotros mismos, ya sea privándonos de algo o haciendo más de lo que se espera en alguna esfera, tratamos a Dios como si él requiriera algún tipo de «pago» por nuestro pecado. Actuamos como si el demostrar tristeza nos fuera a ganar el perdón. Tal vez nos sintamos mejor cuando demostramos tristeza, pero el auto-castigo no tiene nada que ver con la disposición de Dios de perdonar, ni con el perdón. Sin embargo, cada vez que consciente o inconscientemente hacemos cualquier tipo de trueque con Dios en lo relacionado al pecado, estamos cambiando sus caminos por los nuestros.

Si hemos depositado nuestra confianza en el sistema de perdón de Dios, vivimos en un estado de continuo perdón. Desde la perspectiva de Dios, esto quiere decir que no hay diferencia entre los pecados que hemos cometido, los que estamos cometiendo, y los que cometeremos. Recuerde, perdón es perdón. En un sentido, vivir en un estado continuo de perdón se puede comparar a tener una cuenta corriente con fondos ilimitados. Si disfrutamos de esa condición financiera, nunca tendremos que pedirle a nadie que pague nuestras deudas. Sería imposible que incurramos en deudas si hacemos cheques y continuamos girando contra nuestros fondos.

Este es lo que dice Pablo en el siguiente pasaje:

> Pero la ley se introdujo para que el pecado abundase; mas cuando el pecado abundó, sobreabundó la gracia; para que así como el pecado reinó para muerte, así también la gracia reine por la justicia para vida eterna mediante Jesucristo, Señor nuestro. (Romanos 5.20, 21)

Siempre hay más gracia que pecado. No importa lo que se ha hecho o cuántas veces se ha hecho, ya está cubierto por la gracia de Dios. Dios está dispuesto a considerarlo pagado porque Cristo murió como expiación del pecado. Fabricar nuestro propio sistema basado en los méritos es decir que la gracia de Dios no es suficiente para nuestro pecado y que él necesita nuestra ayuda para tratar con nuestro pecado.

Nuestra tendencia natural es querer hacer algo en cuanto a nuestro perdón. Hallamos difícil no hacer *nada* para ayudar. Con toda presteza hablamos de conceptos tales como «el perdón se recibe por fe», y «no podemos hacer nada para merecer el perdón». Pero en la práctica, retrocedemos esto a un sistema de obras más fe. Debido a esto, es preciso que entendamos la naturaleza de la fe y cómo funciona como la puerta de entrada a la esfera del perdón. Nuestro comportamiento se transformará cuando nos apropiemos de este concepto. Nuestra relación con Dios y con los demás estará basada en los diseños de Dios para nosotros y no en los nuestros.

«CREO QUE CREO»

¿Qué es la fe? ¿De qué consta? Estas tal vez parezcan preguntas elementales, pero los creyentes las contestan de diferentes maneras y sus respuestas muy rara vez concuerdan con la Biblia. Mucha gente está confusa en cuanto a si en *realidad* han creído o no. Por otro lado, hay personas que están seguras que creen, pero cuando se les pide razón, no están muy seguras *de lo que* creen; el contenido de su fe es indefinido. La confusión o la falta de seguridad en esta esfera lleva a la confusión y dudas acerca del perdón.

El uso del término *creer* en conexión con el perdón no es sinónimo de los usos comunes del término. Por ejemplo, alguien puede decir: «Creo que esta noche nevará». En ese caso el término *creer* implica la idea de «esperanza calculada». O sea, no hay garantía de que nevará; es solo una impresión personal. O una persona puede decir: «Yo creo en Dios». En este caso *creer* denota aprobación mental de una idea. No hay sentido de confianza o compromiso, solo aceptación de los hechos.

Si tomamos estos dos usos que no están en la Biblia del término *creer* y los aplicamos a una discusión sobre el perdón, entenderemos cómo un individuo puede expresar creencia en algo y aún no tener seguridad personal. Una persona puede decir: «Creo que Dios perdonó mis pecados», y al siguiente instante decir: «Confío en haber alcanzado el perdón». No hay realmente contradicción para la persona que usa el vocablo para referirse a una esperanza calculada.

En la misma forma, un individuo que entiende la fe como aprobación mental de los hechos puede decir: «Creo que Dios ofrece perdón por medio de Cristo», y sin embargo nunca haberse apropiado del perdón de Dios para su propio pecado. Piense en lo siguiente. Es posible que un hombre o una mujer expresen fe verbalmente y que no estén perdonados. El problema es que ninguno de los dos ha expresado fe bíblica.

FE BÍBLICA

Al discutir el significado de la fe bíblica, el término *confianza* debe sustituirse cada vez que se usa *fe* o *creencia* en conexión con el perdón o la salvación. El diccionario *Pequeño Larrousse ilustrado* define *confianza* en la siguiente forma: «Esperanza firme que se tiene en una persona o cosa»

El concepto de confianza denota compromiso personal. Asume una relación entre el que expresa confianza y la persona o cosa en que se ha confiado. La diferencia entre creencia y confianza es la diferencia entre reconocer que un puente es capaz de sostener el peso de una persona y el hecho de caminar sobre el puente. Lo primero es simplemente el reconocimiento de algo, sin que el que expresa la fe se involucre; lo segundo es la verdadera confianza.

La fe bíblica, el tipo de fe que actúa como la puerta al perdón, asume una relación de verdadera dependencia y seguridad. Como lo define un diccionario bíblico: «La fe bíblica es la confianza absoluta en Dios. Es una confiada dependencia en el carácter, habilidad y verdad de Dios, y en sus promesas».

El apoyo bíblico para esta acepción del término *creer* se encuentra en la construcción gramatical que ocurre repetidamente cuando se habla de fe en conexión con el perdón y la salvación. Esta construcción consiste en la palabra griega que quiere decir «creer» seguida por una palabra que se traduce «en» en nuestra Biblia.

Yo recalco el uso de estas dos palabras juntas porque era la expresión que usaban los escritores del Nuevo Testamento. Y la usaron cuarenta y cinco veces. Sin embargo esta palabra no se usa así ni en la versión griega del Antiguo Testamento ni en la literatura griega secular de ese tiempo.

Esto quiere decir que los escritores de Nuevo Testamento tuvieron que utilizar cierta terminología original, puesto que su mensaje era también original. Fue así que Juan escribió lo siguiente:

> Mas a todos los que le recibieron, a los que *creen* en su nombre, les dio potestad de ser hechos hijos de Dios. (Juan 1.12, cursivas añadidas)

Estando en Jerusalén en la fiesta de la pascua, muchos *creyeron* en su nombre, viendo las señales que hacía. (Juan 2.23, cursivas añadidas)

El objeto de la fe bíblica, concerniente al perdón, es siempre la persona o las palabras de Jesús. Veamos con un ejemplo lo que quiero decir por «objeto». Por ejemplo, en la declaración: «Confía en que el automóvil marche bien», el automóvil es el objeto de fe. Este es un punto importante porque mucha gente tiene fe, pero está dirigida en toda clase de direcciones inapropiadas.

El objeto de fe perdonadora tiene que ser Cristo, no simplemente Dios, la bondad de Dios, o la fe misma. Jesús señala esta verdad cuando dice:

No se turbe vuestro corazón; creéis en Dios, creed también en mí... Yo soy el camino, y la verdad, y la vida; nadie viene al Padre, sino por mí. (Juan 14.1, 6)

Jesús iguala *creer en él* con *creer en Dios*. Luego dice «nadie» llega al Padre sino por él.

Yo menciono esto porque mucha gente tiene fe *en Dios*, sin embargo nunca expresa fe *en Cristo*. Me encuentro con personas que expresan fe en Dios, pero no consideran a Cristo. Tienen fe, pero el objeto de su fe es limitado.

Mucha gente tiene fe en otro dios. A menudo responden con algo como lo que sigue: «Todas las religiones llevan a Dios. Usted elige su camino y yo elijo el mío». Esto suena como algo correcto y bueno. Y otra vez hay una expresión genuina de fe. Pero es fe según el hombre, y no según Dios. Es verdadera fe sin un fundamento verdadero. Es fe sincera, pero mal informada. El perdón está disponible solo para el hombre o la mujer que ha depositado su confianza personal en Cristo. Para que la fe logre su propósito, tiene que enfocarse en la dirección correcta.

Los escritores del Nuevo Testamento le pedían a la gente que depositase su fe en la persona de Jesucristo para el perdón de sus pecados y la promesa de la vida eterna. Le pedían a la gente que confiaran en Cristo como el camino a Dios y, en virtud de eso, recibir el perdón del pecado. Era más que reconocer que Cristo venía de Dios.

Era más que esperar que lo que Jesús había dicho era verdad. Era un compromiso personal para depender de él para recibir el perdón. Era asunto de depositar las esperanzas para la eternidad en las aseveraciones y promesas de Jesucristo. Tal fe era (y aún es) el camino al perdón.

> Porque de tal manera amó Dios al mundo, que ha dado a su Hijo unigénito, para que todo aquel que *en él cree*, no se pierda, mas tenga vida eterna. (Juan 3.16 cursivas añadidas)

DEBEMOS APROPIARNOS DEL DON

Debemos apropiarnos del don de Dios del perdón, o sea, tenemos que aceptarlo en forma individual. Aunque es una oferta universal, no tiene efecto alguno en la deuda del pecado de un hombre o una mujer que, personalmente, no haya depositado su confianza en Cristo. Es como si usted no recogiera el cheque de su sueldo. O como si no redimiera un certificado para comprar en una tienda. O si la persona que se está ahogando ignorara el salvavidas que se le arroja.

Cristo comunicó perfectamente el concepto de la apropiación por medio del uso de parábolas. Veamos en qué forma tan clara explicó el concepto de: «Pon tu confianza en mí». Él le dijo a la mujer en el pozo que pidiera «agua viva» (Juan 4.10). Instruyó a los judíos que vinieran a él para recibir «vida» (Juan 5.40). Él le dijo a un grupo que tenían que «comer» la carne del Hijo del Hombre y «beber» su sangre (Juan 6.53). A los líderes judíos les dijo: «...el que guarda mi palabra, nunca verá muerte» (Juan 8.51). Se presentó a los fariseos en esta forma: «Yo soy la puerta; el que por mí entrare, será salvo; y entrará, y saldrá, y hallará pastos» (Juan 10.9). Jesús usó muchísimas ilustraciones diferentes para comunicar a los que lo escuchaban que necesitaban, en forma personal e individual, apropiarse del don de la vida eterna.

Cristo repetía en forma constante que era preciso apropiarse de su oferta de vida eterna, porque los judíos pensaban que debido a su nacionalidad ya estaban incluidos en el plan de Dios. La confusión de los judíos es similar a la confusión que yo encuentro en mucha gente hoy día. La mayor parte de la gente desea evadir el tema de dar cuentas a Dios. Pueden tolerar escuchar el mensaje del evangelio, pero tomar la decisión de depositar su confianza en Cristo como el pago por sus pecados, es ir demasiado lejos. Preferirían continuar pensando en Dios como una fuerza benevolente en el cielo que ama a todo el mundo y que no enviaría a nadie al infierno. Lo que ellos pasan por alto es su responsabilidad de apropiarse, por medio de la fe, del don de Dios del perdón.

¿Y QUÉ DIREMOS DE USTED?

Eso nos lleva a algunas preguntas importantes. ¿Ha habido algún tiempo en su vida cuando usted personalmente puso su confianza en la muerte de Cristo como pago por su pecado? ¿Se ha apropiado usted de ese pago por su deuda? ¿Ha probado usted el agua de vida? ¿Ha entrado por la puerta que lo lleva a la salvación? ¿Ha recibido usted vida eterna?

Recuerde, *conocer* la verdad no es suficiente. Entender lo que Dios hizo es solo el primer paso. El perdón viene por medio de la confianza en Cristo. No importa lo que usted haya hecho o cuántas veces lo ha hecho o a quién ha herido en el proceso, el completo perdón está disponible si usted está dispuesto a recibirlo. Pero está disponible solamente a través de la muerte de Cristo.

Si por otro lado, sabe que ha puesto su confianza en la muerte de Cristo para el pago de su pecado, le digo con absoluta seguridad: «¡Usted está perdonado!», pasado, presente y futuro. No hay que decir más: «Así lo espero». Puede decir: «Lo sé».

RECUERDOS

Puede que usted esté pensando: *Eso es fácil de decir, pero yo estoy plagado de recuerdos del pasado. Cada vez que oro pienso en las cosas que he hecho, y me siento alejado de Dios. No puedo orar con confianza o seguridad.*

Si esta es su situación, permítame ofrecerle un ejercicio práctico que cambiará las cosas para usted. Primero, tiene que afirmar en su mente de una vez y para siempre que todos sus pecados están perdonados; que de ninguna manera Dios los guarda contra usted; que desde su perspectiva, ya no son obstáculos para la comunión. Eso resuelve el aspecto de la mente.

Segundo, usted tiene que comenzar a ver sus fracasos pasados como recordatorios de la gracia de Dios. Sus pecados pasados deben convertirse en recuerdos de la gracia de Dios en su vida. Cuando Satanás lo acusa de no ser digno por las cosas que ha hecho en el pasado, usted puede responder (y yo recomiendo hablar en voz alta): «Eso es exactamente correcto, pero eso no es todo. Pero antes que cometiera mi primer pecado, Jesucristo murió y pagó por mis pecados. Y no solamente los que tú me has recordado, sino por todos. Ahora están en mi pasado como recuerdos de la bondad y la gracia de Dios hacia mí. Gracias por recordármelo».

Esto puede parecer como un ejercicio mental, pero más importante, es también una confesión de la verdad. Confiese la verdad que usted necesita para combatir las mentiras de Satanás. En ocasiones podrá regocijarse al pensar en su pasado en conexión con la gracia de Dios demostrada en el Calvario. Y lo que antes destruía su seguridad se convertirá en su fuente más grande de seguridad.

Al cerrar este capítulo, quiero preguntarle una vez más si está seguro que ha expresado confianza personal en la muerte de Cristo como pago de sus pecados. Si no, hay un sentir en el que Dios despliega su contrato eterno frente de usted y espera que lo firme. Puede hacerlo simplemente confesando sus pecados y diciéndole que pone toda su confianza en la muerte de su Hijo como pago de sus pecados. Cuando haga esto, *¡estará perdonado!*

Preguntas para crecimiento personal

1. Explique «el juego del tiempo» y dé algunos ejemplos de cómo podría haberlo jugado.

2. ¿Cómo funciona la *fe* como la puerta del perdón?

3. La fe bíblica implica fe en una persona o en las palabras de dicha persona. ¿Quién es?

   Explique por qué la «fe en Dios» es una fe limitada.

4. ¿Cómo se apropia el perdón?

   ¿Ha confiado usted personalmente en la muerte de Cristo como pago de sus pecados?

Y Jesús decía:
Padre, perdónalos,
porque no saben
lo que hacen.

Lucas 23.34

CAPÍTULO CINCO

NUESTRO PADRE PERDONADOR

Cuando mis hijos eran menores, realizábamos reuniones familiares para discutir tareas, planes de verano u otros asuntos familiares. Aunque mayormente eran reuniones para hacer planes, cuando yo «llamaba» a las reuniones, mis hijos generalmente me miraban con gran preocupación y decían: «¿Hicimos algo malo?»

Yo me asombraba de su reacción hasta que mi esposa me señaló que el tono de mi voz era muy serio cuando anunciaba las reuniones, y sonaba igual al que usaba cuando los disciplinaba. Así que era natural que ellos respondieran de la manera en que lo hacían.

La actitud de mis hijos es similar a la de tantos creyentes cuando tienen que «tomar cosas en serio» con Dios. Vienen a él conscientes de una sola cosa: han fallado, han hecho algo malo y se olvidaron de pedir perdón a Dios. Ellos saben todo lo concerniente a la muerte de sustitución de Cristo, pero se imaginan a Dios como un anciano enojado que solo los tolera. Yo he hablado con gente que aun hace diferencia entre la actitud de Cristo hacia ellos y la actitud del Padre. Ellos ven a Cristo como el Amigo que está obrando para detener la ira de Dios el Padre. Entienden la función de Cristo, como Uno que pagó por sus pecados, queriendo decir que él es el Único que evita que Dios les dé lo que merecen. La suposición es que Dios desea darles lo que se merecen, a pesar de Cristo.

Tal vez usted nunca haya pensado de Dios exactamente así. ¿Pero cómo lo ve cuando piensa acerca de su pecado? ¿Qué piensa de cómo será su expresión cuando viene a él con el mismo pecado viejo una y otra vez? ¿Qué piensa de su actitud hacia usted en vista de sus fracasos? ¿Qué le dicen sus emociones cuando medita en estas preguntas? Como la mayoría de los creyentes, probablemente usted reconocería que Dios lo ama. Pero, ¿piensa que le agrada a él? ¿O piensa que él lo tolera porque, después de todo, su Hijo murió por usted?

Para mucha gente, éstas son preguntas muy difíciles. El término *Padre* no lleva consigo sentimientos de amor y aceptación, sino que evoca sentimientos de temor, miedo, dolor, y desilusión. He aconsejado a bastante gente para saber que los sentimientos asociados con un padre terrenal tienen el potencial de robarle la seguridad del perdón por el cual el Padre celestial se sacrificó profundamente para que ellos lo experimentaran.

Hemos visto suficiente evidencia bíblica para ilustrar que nuestro Padre celestial desea tener comunión con cada uno de nosotros. Él lo deseó cuando todavía éramos pecadores, aún separados por la deuda del pecado. Pablo escribe: «Mas Dios muestra su amor para con nosotros, en que siendo aún pecadores, Cristo murió por nosotros» (Romanos 5.8). Hasta que todos los aspectos de este versículo lleguen bien hondo en nuestro ser emocional, nunca estaremos libres de los sentimientos de condenación que acompañan al pecado. La estrategia que asegura nuestro perdón fue idea de Dios; él la inició. El quiere que seamos suyos.

ENTONCES, ¿QUÉ HAY DE NUEVO?

Nosotros no somos la primera generación que lucha con una idea distorsionada de la actitud de Dios hacia los pecadores. Los judíos en el tiempo de Cristo tenían la misma idea equivocada. De la observación que Dios no podía tolerar el pecado junto con las normas de los diez mandamientos, ellos desarrollaron un sistema para valorar la posición de la gente con Dios, basado en el grado de su pecado. Mientras más grande el pecado, menos aceptable era la persona. A través del tiempo este pensamiento se desarrolló al punto donde se percibía a Dios como «despreciando» a todos los pecadores.

Además, los que su trabajo o posición no los mantenían ceremoniosamente limpios de acuerdo con Levítico, eran considerados inaceptables. Los pastores de ovejas, los cobradores de impuestos y los carniceros estaban incluidos en esta categoría.

Como resultado, dos corrientes polarizaron a los judíos del tiempo de Jesús. Un grupo, la mayoría de la gente, se sintió como si Dios nunca los aceptaría porque no podían vivir correcta y ceremoniosamente vidas limpias. El otro grupo pensó que su justicia personal era suficiente para ser aceptables. Ellos menospreciaban y rechazaban a los otros, a los «pecadores».

Para corregir este pensamiento, Jesús dio una serie de parábolas. La última de la serie la conocemos como la parábola del hijo pródigo. La motivación de Cristo al dar estas parábolas era explicar a sus contemporáneos la actitud de su Padre hacia los pecadores. Sabemos esto por la forma en que se introduce la parábola:

Se acercaban a Jesús todos los publicanos y pecadores para oírle, y los fariseos y los escribas murmuraban diciendo: Este a los pecadores recibe, y con ellos come. Entonces él les refirió esta parábola. (Lucas 15.1-3)

Los líderes religiosos no podían entender cómo un Hombre que decía venir de Dios podía ser tan atractivo y atraer gente tan impía e inmunda. Ellos pensaban que *Dios había rechazado aquella gente. Así que, ¿por qué este profeta pasaba tanto tiempo con ellos?* Las acciones de Cristo no cabían en la noción de ellos sobre las actitudes de Dios el Padre hacia los pecadores. Así que Cristo se propuso corregirlos.

CAMBIANDO EL CUADRO

Mirando a esta reveladora parábola, podemos ver la actitud de Dios hacia los pecadores y su motivación de enviar a Cristo a morir. Yo creo que es la mejor ilustración de la naturaleza perdonadora de nuestro Padre celestial en toda la Biblia.

Es mi oración que a través de este capítulo Dios comience a tratar con usted a nivel emocional de tal manera que lo que lo detiene a usted de experimentar el gozo y la paz de saber que está perdonado, sea quitado. Ya sea usted víctima de una enseñanza incorrecta, o haya sido maltratado por su padre terrenal, cualquiera sea el impedimento, Dios quiere quitarlo de su vida e inundarlo con la seguridad de su perdón y aceptación. El desea que usted viva con sentido de seguridad e intimidad con él.

Tome algún tiempo para familiarizarse con la parábola.

Un hombre tenía dos hijos, y el menor de ellos dijo a su padre: Padre dame la parte de los bienes que me corresponde; y les repartió los bienes.

No muchos días después, juntándolo todo el hijo menor, se fue lejos a una provincia apartada; y allí desperdició sus bienes viviendo perdidamente.

Y cuando todo lo hubo malgastado, vino una gran hambre en aquella provincia, y comenzó a faltarle. Y fue y se arrimó a uno de los ciudadanos de aquella tierra, el cual le envió a su hacienda para que apacentase cerdos. Y deseaba llenar su vientre de las algarrobas que comían los cerdos, pero nadie le daba.

Y volviendo en sí, dijo: ¡Cuántos jornaleros en casa de mi padre tienen abundancia de pan, y yo aquí perezco de hambre! Me levantaré e iré a mi padre, y le diré: Padre, he pecado contra el cielo y contra ti. Ya no soy digno de ser llamado tu hijo; hazme como a uno de tus jornaleros.

Y levantándose vino a su padre. Y cuando aún estaba lejos, lo vio su padre, y fue movido a misericordia, y corrió, y se echó sobre su cuello, y le besó. Y el hijo le dijo: Padre, he pecado contra el cielo y contra ti, y ya no soy digno de ser llamado tu hijo. Pero el padre dijo a sus siervos: Sacad el mejor vestido, y vestidle; y poned un anillo en su mano, y calzado en sus pies. Y traed el becerro gordo y matadlo, y comamos y hagamos fiesta; porque éste mi hijo muerto era, y ha revivido; se había perdido, y es hallado. Y comenzaron a regocijarse. (Lucas 15.11-24)

Jesús nos da esta parábola del hijo pródigo para ayudarnos a entender la actitud de Dios el Padre hacia nosotros cuando pecamos contra él. Como Jesús ilustra su punto al referirse a la relación entre padre e hijo cuando el hijo ha pecado contra el padre, debe ser obvio que el mensaje es para los que están ya en la familia de la fe, esto es, los creyentes. Es para las personas que viven bajo la carga pavorosa de la incertidumbre de saber que han desagradado a Dios.

LA SITUACIÓN EMPEORA

Cuando entendemos la cultura del día, vemos que Jesús no pudo haber descrito al hijo pródigo de una manera más degradante. Primero que nada, en su egoísmo, el hijo pidió su parte de la herencia. La costumbre era que el padre diera la herencia en la época que él escogiera. Nunca se supo de un hijo, especialmente el menor, que pidiera su herencia. El auditorio de Jesús hubiera visto sus acciones como señal de una falta de respeto muy grande, tal vez aun como base para desheredarlo.

Segundo, este hijo tomó todos sus bienes y se fue. La costumbre hubiera sido que se quedara cerca para cuidar de sus padres ancianos. Los hijos tenían que asegurarse de que a su padre se le diera sepultura apropiada, y que su madre tuviera lo necesario. Este hijo se fue sin importarle su familia. De nuevo, su comportamiento tenía que molestar a los oyentes de Cristo del primer siglo.

Tercero, él gastó toda su herencia en poco tiempo. Su padre había estado acumulándola toda la vida, y representaba años de arduo trabajo y sabia mayordomía. Sin embargo el hijo menor la gastó en placeres efímeros. Se podía ver que Jesús no pudo haber añadido nada más para hacer que el hijo se viera más desacreditado. El padre tenía todo el derecho en el mundo de castigarlo como un haragán y como una vergüenza para la familia.

Pero Jesús llevó al joven aun más lejos. Después que se le terminó el dinero y le atacó el hambre, hizo la cosa más degradante que podía hacer un judío, trabajó cuidando cerdos. No vacas ni ovejas, sino cerdos. Jesús no pudo haber dicho nada más horrible para los fariseos acerca de este joven.

¿POR QUÉ LO PRESENTÓ ASÍ?

¿Por qué Jesús presentó al pródigo en forma tan extrema? Estaba tratando de ayudarnos a entender algo básico acerca del perdón. El pecado del joven era tal que no quedaba nada en él que pudiera motivar el perdón del padre. Su padre lo perdonó porque era su naturaleza de amar y perdonar. Y exactamente ése fue el punto de Jesús.

Como el padre en la parábola, Dios perdona porque corresponde a su naturaleza perdonar. Nada que podamos hacer por nosotros mismos dispone a Dios a perdonarnos. Es su carácter que lo inspira, no el nuestro. Anteriormente expusimos que Dios inició el proceso del perdón, y la descripción vívida de Jesús de este padre e hijo lo representa a la perfección.

UNA RESPUESTA SORPRENDENTE

Cuando llegó a la parte de la historia donde describe el deseo del hijo de regresar al hogar, me puedo imaginar los sentimientos de los fariseos al pensar lo que ellos harían si tuvieran un hijo que se portara en tal forma. No hay duda de que se conmovieron por la forma en que Jesús terminó la historia.

Al final, el hijo se dio cuenta de la futilidad de sus caminos y decidió regresar a su casa. No se menciona que él se aseara. Por lo que sabemos, ni siquiera intentó hacerse presentable a su padre. Salió para el hogar en la condición más deplorable posible.

Cuando su padre vio a su hijo regresando por el camino, corrió hacia él, lo abrazó, y lo besó. Derramó su afecto sobre el harapiento y sucio cuidador de cerdos, su hijo, que había malgastado su herencia y avergonzado a la familia. No le preocupaba dónde había estado o lo que había hecho: su enfoque estaba en el hijo que había regresado.

¿CUÁN LEJOS ES DEMASIADO LEJOS?

El «final sorprendente» revela varias facetas maravillosas de la actitud de Dios hacia los pecadores que regresan. Primero, *el amor de nuestro Padre celestial no tiene límites*. Si hubiera habido un límite hasta donde el padre estaba dispuesto a llegar antes de romper completamente las relaciones con su hijo, ciertamente el joven habría ido demasiado lejos.

El punto es claro. Un hombre o una mujer no puede ir tan lejos como para que Dios deje de ofrecerle su amor. El padre hubiera aceptado el regreso de su hijo en cualquier momento. La deducción, por lo tanto, es que el hijo estaba perdonado antes de regresar. Según la perspectiva del padre, no había condenación. Por eso aceptó a su hijo de nuevo tan rápidamente en la familia.

No importa lo que haya hecho, usted no ha ido más allá del límite de Dios. El amor de Dios no conoce límites. Desde el punto de vista de Dios, usted vive en un estado de perdón, porque su pecado fue resuelto hace dos mil años cuando Cristo murió.

¿CUÁNTO TIEMPO ES DEMASIADO TIEMPO?

No sabemos cuánto tiempo estuvo ausente el hijo. Fue suficiente para gastar una gran suma de dinero, sufrir hambre y tener un trabajo. Jesús no nos dice nada sobre el tiempo. Era realmente irrelevante a su punto de vista. Y, sin embargo, era parte de su punto de vista. *El amor de nuestro Padre celestial es paciente.* La historia parece indicar que el padre del joven se había habituado a mirar el camino por donde el muchacho se había ido, esperando verlo regresar. El estaba dispuesto a restaurar al hijo sin importarle cuándo regresara.

De la misma manera, nuestro Padre celestial lo espera pacientemente a usted cuando está por un tiempo en el pecado. El no se sienta y programa las cosas que le hará cuando regrese. Porque desea tener comunión ininterrumpida con usted, quiere que usted regrese, y se aproveche de la profundidad de la relación que él ha hecho posible para usted por medio de Cristo.

PACIENTE PERO ANHELANTE

Tercero, *Dios anhela expresarle su amor.* Jesús lo dijo bien claro: «Y cuando aún estaba lejos, lo vio su padre, y fue movido a misericordia, y corrió, y se echó sobre su cuello y le besó» (Lucas 15.20) En la época del Nuevo Testamento, ninguna persona que tuviera dignidad corría en público. Pero cuando el padre vio al hijo que venía por el camino, corrió.

Este detalle tiene que haber asombrado a los escribas y fariseos. «¿Dios anhelando restaurar comunión con los pecadores? ¿Cómo podía Jesús ser tan osado como para presentar al Dios del universo corriendo detrás de un pecador y abrazarlo?» Así no era la forma que ellos se imaginaban a Dios. Ellos lo veían como un Dios que se complacía en castigar a los pecadores.

¿Se da cuenta de que Dios está más deseoso que usted mismo de restablecer la comunión después que usted peca? Puede estar seguro de eso fijándose en lo que Dios realizó para hacer posible la comunión. El espera su regreso.

Dios no está sentado en su trono con una libreta negra en una mano y un látigo en la otra esperando que usted regrese para leerle todo lo que ha hecho y luego castigarlo. Como el padre en la parábola, él anhela su regreso para restaurarlo y limpiarlo. El perdón de Dios no es mezquino. Pablo tenía esto en la mente cuando escribió: «El que no escatimó ni a su propio Hijo, sino que lo entregó por todos nosotros, ¿cómo no nos dará también con él todas las cosas?» (Romanos 8.32).

EL ENFOQUE DEL PADRE

La cuarta faceta de la actitud de Dios el Padre es que *su enfoque es en el pecador*, no en el pecado. Al regresar, el hijo inmediatamente comenzó a recitar su discurso preparado: «Padre, he pecado contra el cielo y contra ti, y ya no soy digno de ser llamado tu hijo» (Lucas 15.21). Su enfoque, como el nuestro, era en el pecado, en su indignidad. En esencia, él estaba implorando misericordia, y reconoció el derecho del padre de rechazar su pedido de misericordia. El joven sabía lo que merecía, y estaba dispuesto a aceptar lo que viniera.

Sin embargo, el padre tenía un enfoque completamente diferente; su enfoque era en su hijo. Tal parece que el padre ignoró el discurso del hijo, porque comenzó a dar órdenes a todos:

> Sacad el mejor vestido, y vestidle; y poned un anillo en su mano, y calzado en sus pies. Y traed el becerro gordo y matadlo, y comamos y hagamos fiesta. (Lucas 15.22, 23)

¿Pero qué diremos sobre el pecado del hijo? ¿Qué diremos sobre todo el dinero que gastó? ¿Qué diremos sobre toda la vergüenza que le causó a la familia? Esto no le interesaba al padre. El tenía presente una cosa: «...porque éste mi hijo muerto era, y ha revivido; se había perdido, y es hallado» (Lucas 15.24).

Dios ha tratado con su pecado. Su enfoque es en *usted* y no en su pecado. Para Dios, su pecado ya no es impedimento para su comunión con usted. Es solo un impedimento mientras usted permita que la culpa que acompaña al pecado le ciegue al hecho que Dios está anhelante de restablecer comunión con usted. (Ampliaremos este tema y el lugar de la confesión en el próximo capítulo.)

Una vez que usted se vuelva a Dios, él está deseoso de recibirle inmediatamente. El nunca considera lo que haya hecho o por cuánto tiempo lo hizo. En la parábola, el padre no sabía lo que le había pasado a su hijo, dónde había estado o cómo había gastado el dinero. Y no lo preguntó. Su hijo había regresado, y eso era lo único que importaba.

UNA BIENVENIDA GOZOSA

Necesitamos considerar una quinta y final faceta de la actitud de Dios hacia los pecadores que regresan. Esta nos da una gran revelación del corazón de Dios. *Dios les da una gozosa bienvenida a los pecadores que regresan a él.*

Vemos esto en dos declaraciones de Jesús. Primero, dijo: «Y cuando aún estaba lejos, lo vio su padre, y fue movido a misericordia» (Lucas 15.20). Piense en esto. Jesús presentó al Padre de tal manera que su respuesta inmediata a un pecador que regresaba fue compasión. Ni ira, ni frustración, ni indignación, todo lo que nosotros tal vez pensáramos que hubiera sido justificado, sino compasión.

Cuando nos confrontamos con gente que nos ha herido o maltratado, nuestra respuesta inicial, espontánea es por lo general el resentimiento. Luego si somos realmente «espirituales», trataremos de bregar con esas emociones pidiéndole a Dios que nos ayude a ver las cosas desde su perspectiva. Entonces, cuando ha pasado algún tiempo, podemos relacionarnos con esos individuos en forma «civilizada», sin perder los estribos, y decirles cómo nos sentimos.

Eso es lo que hace que la primera respuesta emocional del padre nos sorprenda aun más. Con compasión, él se identifica con la desdicha y el dolor de su hijo, y desea aliviarlo. Su propio dolor no le impide identificarse con el dolor de su hijo.

Así es con el Padre celestial cuando usted regresa de su pecado a él. El ya ha solucionado el dolor personal que le causó su pecado, y su enfoque es ahora en el dolor de usted. Para Dios es un gozo aliviarle su dolor y tristeza.

También vemos esta idea de gozo en la declaración de Jesús: «Y comenzaron a regocijarse» (Lucas 15.24). Para el padre, fue un tiempo de celebración e hizo una gran fiesta. Su deseo más grande se había cumplido: su hijo había vuelto al hogar.

Jesús acentuó este elemento de gozo en cada una de las dos parábolas que preceden a ésta. Cuando el pastor encontró a la oveja perdida, dijo: «Gozaos conmigo, porque he encontrado mi oveja que se había perdido» (Lucas 15.6). Y, luego, concerniente a la mujer que había perdido la dracma: «Gozaos conmigo, porque he encontrado la dracma que había perdido» (Lucas 15.9). Entonces, Jesús resumió ambas parábolas diciendo: «Así os digo que hay gozo delante de los ángeles de Dios por un pecador que se arrepiente» (Lucas 15.10).

Cuando usted o cualquier hijo de Dios se vuelve de su pecado, Dios se regocija. Si es posible asignar emociones al Padre celestial, él «siente» compasión por usted y por lo tanto experimenta gozo por su regreso. El no lucha con sentimientos de dolor y celos. El ya solucionó eso de una vez por todas. Se identifica con su dolor y frustración, y se goza al verlo libre.

ACEPTE EL CARÁCTER DE DIOS

Me imagino que fue difícil para muchos de los que escuchaban a Jesús cambiar el pensamiento acerca de Dios y su actitud hacia los pecadores. Los que lo hicieron, sin embargo, establecieron una vida de comunión con su Padre celestial que habían desconocido hasta ese momento. Los que rehusaron escuchar o los que estaban demasiado abrumados para creer, quedaron esclavos del orgullo o desesperación. ¿Qué diremos de usted? ¿Desea aceptar lo que Cristo dijo acerca de su Padre celestial? ¿Está dispuesto a permitirle a Dios derribar las barreras que no permiten aceptarlo tal como él es?

Usted tiene un Padre perdonador cuyo amor y paciencia son infinitos. No podrá presionarlo demasiado. El está deseoso de tener comunión con usted. Usted tiene un Padre celestial que es libre para identificarse con su situación y quien se goza grandemente de verlo restaurado a su lugar de hijo. La preocupación más grande de su Padre perdonador es *usted*, no su pecado. Su enfoque es en usted y en su disposición de cumplir con su voluntad.

Para algunos, esto puede ser fácil. Para otros, puede tomar algún tiempo para cambiar la actitud acerca de quién es Dios y cómo percibe él a las personas. Comience renovando su mente pensando en estos cinco hechos tremendos acerca del carácter de Dios. Hasta cierto punto, ellos resumen todo lo que hemos expuesto hasta aquí, y estos principios cobran vida en la parábola al verlos en la respuesta del padre hacia su hijo rebelde.

Una buena manera de empezar sería recitar esta simple oración que incorpora todo lo que hemos visto acerca del carácter de Dios en este capítulo.

> *Padre celestial,*
> *A veces es difícil para mí verte como eres realmente.*
> *Por fe en el testimonio de Jesús, sin embargo,*
> *te acepto como mi Padre celestial perdonador.*
> *Un Padre que me ama con amor sin límite;*
> *Un Padre cuya paciencia es inagotable;*
> *Un Padre que ansía tener comunión conmigo;*
> *Un Padre cuyo enfoque soy yo y mi posición de hijo, y no mi pecado.*
> *Un Padre que se regocija cuando me vuelvo de mi*
> *pecado, ya sea un solo pecado cometido o un tiempo de rebelión.*
> *Señor, muéstrame los errores en mi pensamiento*
> *hacia ti y lléname de la verdad, porque yo sé*
> *que descubriendo la verdad seré libre. Amén.*

Preguntas para crecimiento personal

1. ¿Qué sentimientos experimenta cuando piensa en su padre terrenal? (¿Tiene usted sentimientos de amor y aceptación o sentimientos de temor, miedo, dolor y desilusión?)

   ¿Cómo ve usted al Padre celestial?

2. ¿Qué dos corrientes de pensamiento polarizaron a los judíos en tiempo de Jesús?

3. ¿Qué cinco aspectos de la actitud de Dios hacia los pecadores que regresan a él se revelan en la parábola de Jesús del hijo pródigo (Lucas 15.11-24)?

4. ¿Está usted dispuesto a aceptar lo que Cristo dijo acerca de su Padre celestial?

El que encubre sus pecados no prosperará; mas el que los confiesa y se aparta alcanzará misericordia.

PROVERBIOS 28.13

CAPÍTULO SEIS

EL PERDÓN
Y LA CONFESIÓN

Ya que hemos examinado la parte de Dios en el perdón, ¿qué diremos sobre nuestra responsabilidad? Usted puede preguntarse: «¿Aún tenemos una responsabilidad? Parece ser que Dios se ha hecho cargo de todo desde el principio hasta el fin». Recuerde, sin embargo, que la parábola del hijo pródigo muestra no solo un padre perdonador, sino también un hijo que regresa. ¿Qué diremos sobre él? La Escritura dice:

> Y volviendo en sí, dijo: ¡Cuántos jornaleros en casa de mi padre tienen abundancia de pan, y yo aquí perezco de hambre! Me levantaré e iré a mi padre, y le diré: Padre, he pecado contra el cielo y contra ti. Ya no soy digno de ser llamado tu hijo; hazme como a uno de tus jornaleros. Y levantándose, vino a su padre. (Lucas 15.17-20)

Presa de un espíritu de futilidad, desesperanza y humildad, el joven tomó la decisión de regresar a su padre. Note que practicó lo que iba a decir. «He pecado contra el cielo y contra ti; ya no soy digno de ser llamado tu hijo». Y al caer en los brazos del padre, lo confesó: «He pecado contra el cielo y contra ti. Ya no soy digno de ser llamado tu hijo».

EL PADRE Y LA CONFESIÓN

Es de vital importancia notar que antes que el hijo pródigo confesara su fracaso al padre, «lo vio su padre, y fue movido a misericordia, y corrió, y se echó sobre su cuello, y le besó». La aceptación y perdón del hijo no estaban condicionados a su confesión. Como dijimos en el capítulo anterior, el padre no fue motivado a perdonarlo basado en la confesión de la vida de pecado de su hijo. El joven cayó en los brazos de un padre cuyo perdón era constante desde el momento que partió del hogar.

LA CONFESIÓN Y EL PERDÓN

Entonces, ¿por qué enseña la Biblia que tenemos que confesar nuestros pecados si ya estamos perdonados? ¿Cuál es el papel del perdón? Si ya estamos perdonados, no parece ser necesario, ¿no es cierto? El propósito de este capítulo es aclarar el lugar de la confesión en el plan de Dios para nuestro perdón.

La palabra griega que usamos para *confesión* quiere decir «estar de acuerdo con». Cuando confesamos nuestros pecados a nuestro Padre celestial, estamos de acuerdo con él. Estamos de acuerdo con su actitud acerca del pecado; o sea, el pecado es en contra de él, es destructivo a su propósito para nuestra vida, y conlleva las dolorosas consecuencias.

La confesión infiere también que estamos asumiendo la responsabilidad por nuestras acciones. No estamos culpando a otros por nuestros hechos. La confesión quiere decir que nos vemos a nosotros mismos con relación a nuestros hechos de pecado así como nos ve Dios.

1 JUAN 1.9

Sin duda, el versículo más citado relacionado con la confesión es éste: «Si confesamos nuestros pecados, él es fiel y justo para perdonar nuestros pecados, y limpiarnos de toda maldad» (1 Juan 1.9). Tomado superficialmente, este versículo pudiera indicar que nuestro perdón es condicional a la confesión. Esto ocasiona toda clase de preguntas: ¿Qué diremos si olvidamos confesar un pecado? ¿Qué diremos si no nos damos cuenta que hemos cometido un pecado?, y así sucesivamente.

De repente hemos perdido de vista lo que Cristo ha hecho en la cruz, y estamos prestando atención a nuestra memoria y a nuestra sensibilidad al pecado. Y si la vida eterna dependiera de nuestra habilidad de recordar nuestros pecados, estaríamos correctos en hacer esto. Pero hay un concepto que nos ayudará a armonizar este versículo con otros como Efesios 1.7 que dice: «En quien tenemos redención por su sangre, el perdón de pecados según las riquezas de su gracia».

De acuerdo a 1 Juan 1.9, esperaríamos que Efesios 1.7 dijera: «El perdón de nuestros pecados, de acuerdo a la confesión de nuestros pecados». Así que, ¿cuál es? ¿Son perdonados nuestros pecados en base a la gracia de Dios y a la muerte de Cristo hace dos mil años, o por la confesión cada minuto?

Antes que yo demuestre cómo estas dos ideas aparentemente conflictivas armonizan, quiero volver a recalcar lo que he dicho hasta aquí. La base para nuestro perdón no es la confesión, el arrepentimiento o la fe, aunque las tres son esenciales para nuestra experiencia de perdón. La base para nuestro perdón es la muerte sacrificial sustitucionaria de Jesucristo en la cruz. Su muerte como el Hijo de Dios sin pecado pagó en forma total el castigo por nuestros pecados pasados, presentes y futuros. No podemos añadir nada a la muerte de Cristo que gane para nosotros más perdón del que ya tenemos. Ese perdón viene a ser una realidad en la vida de cada persona que recibe a Cristo por fe como Salvador.

Después que somos salvos, la base para nuestro perdón continuo todavía es la sangre de Cristo derramada en el Calvario. Sin embargo, muchos creen que todo perdón futuro está condicionado a la correspondiente confesión de pecados. La base para este pensamiento se entiende al leer 1 Juan 1.9. La primera palabra en el versículo pone una condición que lleva a confusión: «Si confesamos».

Una razón por la cual nuestro perdón, en lo que concierne a la salvación, no puede basarse sobre nuestra confesión es que no siempre estamos conscientes de nuestros pecados. De prisa, actuando con insensibilidad, con una palabra fuerte podemos herir a alguien y estar inconscientes del daño al espíritu de la persona. En realidad, solo Dios sabe la verdadera profundidad de nuestra injusticia. El ha hecho provisión por gracia y adecuada para tales acciones. Juan nos asegura: «Pero si andamos en luz, como él está en luz, tenemos comunión unos con otros, y la sangre de Jesucristo su Hijo nos limpia de todo pecado» (1

Juan 1.7). De nuevo, nuestro perdón está conectado inseparablemente con la sangre de Cristo derramada por nosotros.

UN ASUNTO FAMILIAR

La confusión sobre la confesión gira sobre nuestra tendencia a asignar ciertas definiciones a palabras sin tomar en cuenta el contexto en que están usadas. Por ejemplo, cada vez que leemos la palabra *salvado* o *salvo* en la Biblia, inmediatamente pensamos acerca de la salvación eterna del castigo de nuestros pecados. Y ciertamente el término *salvado* se usa de esa manera. Pero no siempre. Por ejemplo, cuando Jesús pendía de la cruz, uno de los ladrones que colgaban junto a él le gritó: «...*sálvate* a ti mismo y a nosotros» (Lucas 23.39). Claramente éste no fue un clamor por salvación en el sentido eterno. El solo quería que Jesús salvara su vida física. En Hechos 27.20 Lucas describe el naufragio de Pablo: «Y no apareciendo ni sol ni estrellas por muchos días, y acosados por una tempestad no pequeña, ya habíamos perdido toda esperanza de *salvarnos*». ¿Creía Lucas que como la tormenta era tan fuerte todos iban a morir e irse al infierno? Ciertamente no, *salvarnos* se refiere a liberación física.

Cuando estudiamos el concepto del perdón, tenemos que tener cuidado de no asumir que el autor siempre está hablando acerca del perdón que un creyente experimenta cuando él o ella ponen su confianza en Cristo. En ese sentido, el perdón es la puerta que se abre a una relación con Dios. Ese tipo de perdón es algo que sucede una sola vez. Una vez perdonado, siempre perdonado.

El individuo que viene a ser un hijo de Dios, estableciendo una relación eterna con el Padre celestial, comienza a relacionarse con Dios en una forma nueva. El creyente nuevo tiene nuevos derechos como también nuevas responsabilidades. Después que el individuo es partícipe de la vida eterna, nuevas reglas gobiernan la relación con Dios. Una de estas reglas nuevas tiene que ver con la restauración de la comunión con el Padre celestial después que el creyente peca. El creyente tiene que recibir lo que un autor ha llamado el «perdón familiar».

Aquí no se habla de la salvación eterna y del perdón del pecado que nos separa de Dios. Este es un asunto de familia. Así que Juan se incluye a sí mismo cuando escribe: «Si confesamos *nuestros* pecados».

La parábola del hijo pródigo es la ilustración perfecta de este tipo de confesión. La comunión del hijo con el padre no pudo haber sido restaurada hasta que él regresó al hogar. Lo mismo sucede con nosotros. Hasta que regresemos a Dios dejando nuestro pecado, la comunión está rota. Note que Dios no detiene la comunión; nosotros, como creyentes pecadores, dañamos la relación. El ejemplo siguiente puede ayudar a aclarar este punto.

EL CASO DEL RELOJ ROBADO

Supongamos que antes que yo comience a predicar me quito el reloj y lo pongo sobre el púlpito. Me olvido que está allí, lo dejo y me voy. Alguien nota que yo lo dejé allí, se dirige a la plataforma, y pensando que nadie lo está mirando, camina hasta el púlpito y se pone el reloj en el bolsillo.

Mientras tanto, alguien lo ve tomar mi reloj y al día siguiente me informa sobre la identidad del ladrón. Es alguien a quien yo conozco. Naturalmente, yo me sorprendo y me decepciono, pero decido perdonarlo. Una vez que resuelvo cualquier sentimiento negativo que pueda sentir, no hay barrera en mi relación con este hombre. Mi relación con él no ha cambiado. Aunque él me robó mi único reloj, lo he perdonado por sus acciones; he cancelado la deuda; he asumido la pérdida. Cuando lo veo sentado en su lugar habitual el domingo siguiente, no digo: «Oye, tú me robaste mi reloj». Yo lo he perdonado, así que tengo que confiar en el Señor que lo convenza de su pecado.

Pero suponga que el ofensor descubre que yo estoy consciente de su acto. Por coincidencia, nos encontramos en el pasillo. Allí estamos los dos solos, y yo le digo: «¿Cómo estás? Me alegro de verte». Yo estoy libre porque lo he perdonado. No llevo el exceso del peso emocional de un espíritu que no perdona, amargado o resentido por esa acción. Pero, ¿qué supone que está pasando por la mente y el corazón de ese hombre? El se siente culpable, avergonzado, en aprietos, temeroso, apenado, descubierto.

Yo le doy un apretón de manos cálido y amistoso. Sonrío, y aun lo invito a almorzar. Pero él, nerviosamente se excusa; sus ojos no pueden encontrarse con los míos. El se apresura a despedirse, tremendamente desdichado. Le remuerde la conciencia. Ha perdido la sonrisa y el sentido del humor.

De la única forma en que va a sentirse cómodo alrededor de mí y en comunión conmigo otra vez es aclarando su conciencia y confesándome que él tomó mi reloj, y pidiéndome perdón.

Mi respuesta entonces sería: «Ya estabas perdonado. Yo te perdoné aun antes de saber quién me había robado el reloj».

El no tenía que venir a mí para recibir perdón; él ya estaba perdonado. Su confesión era necesaria para aclarar su conciencia y para ser restaurado a su comunión previa conmigo.

Eso es lo que pasa cuando venimos a Dios confesando nuestros pecados. La confesión no persuade a Dios para perdonarnos. El hizo eso en la cruz. La confesión nos restaura a nuestro nivel previo de comunión e intimidad con él, desde nuestra perspectiva. Dios no cambió. El no se alejó de nosotros a causa de nuestros pecados. Su amor no fue afectado. El no estaba desilusionado, ya que sabe en cuanto a los pecados que cometeremos, y su respuesta es la misma: «¡Perdonado!»

¿Y LAS CONSECUENCIAS?

No quiero inferir que los pecados cometidos no acarrean consecuencias. Un principio bíblico no anula a otro. Se nos advierte claramente: «...y sabed que vuestro pecado os alcanzará» (Números 32.23). El pecado nos alcanzará en nuestra conciencia, o puede ser un descubrimiento público. Pero nos ha de encontrar. El apóstol Pablo nos advierte: «No os engañéis; Dios no puede ser burlado: pues todo lo que el hombre sembrare, eso también segará» (Gálatas 6.7). Puede ser que no lo seguemos inmediatamente o en la forma como lo esperamos, pero lo segaremos.

¿Quiere decir esto que no estamos perdonados? ¡No! Entonces, ¿por qué tenemos que sufrir si Dios nos ha perdonado? Hay dos razones. Primero, el pecado, por su propia naturaleza, está siempre acompañado por ciertas consecuencias dolorosas. No importa si somos santos o pecadores. Existen consecuencias inevitables. Esa es la ley de la vida.

Por ejemplo, imagínese a un niño que ha sido instruido por su madre que no vaya a la calle. El desobedece y sale corriendo a la calle. A la vuelta de la esquina sale un coche y atropella al niño. ¿Perdona la madre al niño por desobedecerla? Por supuesto que sí. Aun cuando el niño nunca pida perdón. En realidad, el perdón no está en su mente cuando sostiene al niño entre sus brazos. Pero en su estado de perdón, el niño todavía sufre el dolor y el posible impedimento físico causados por la desobediencia.

Una segunda razón por la que tenemos que sufrir las consecuencias es que Dios, aunque perdona, está comprometido a conformarnos a la imagen de su Hijo (Romanos 8.29). Las consecuencias dolorosas de nuestros pecados son expresiones del amor de Dios, no de su ira. El sabe que permitirnos escapar solo resultaría en nuestra desobediencia continua y nuestro fracaso final. El nos recuerda: «Porque el Señor al que ama disciplina» (Hebreos 12.6). Además nos anima recordándonos que: «Es verdad que ninguna disciplina al presente parece ser causa de gozo, sino de tristeza; pero después da fruto apacible de justicia a los que en ella han sido ejercitados» (Hebreos 12.11).

La confesión es esencial, no para recibir perdón, sino para experimentar el perdón que Dios ha provisto por medio de la muerte de Cristo y para quitar el impedimento de la comunión con él. Pero esto no es todo. En la confesión experimentamos liberación de la culpa y de la tensión emocional que resulta de nuestro pecado. El no confesar nuestros pecados nos asegura la continuación de esos sentimientos negativos innecesarios.

La posición de los creyentes

Yo he estado en grupos pequeños de oración donde la gente comienza a confesar sus pecados en voz alta. A menudo me he visto tentado de pararlos a mitad de su confesión para explicarles la manera apropiada de confesar los pecados al Padre celestial. Ellos claman: «Oh, Dios, perdóname. Por favor, perdóname, Señor. Oh, Dios, te ruego que me perdones. Sé que no lo merezco. Oh, Señor, ¿qué puedo hacer para ser perdonado? Oh, Señor, si solo me perdonas otra vez, te prometo que no volveré a hacerlo. Señor, si solo me das una oportunidad más, si solo me perdonas una vez más». A veces es evidente por el tono de voz que ellos creen que si oran un poco más alto, Dios se puede impresionar más y por lo tanto responder más rápidamente.

Yo no quiero criticar la oración pidiendo perdón de otros creyentes. A menudo, la fuerte convicción del Espíritu Santo evoca gran emoción y sentimientos de indignidad y humillación delante del Señor. Sin embargo, las demostraciones de emoción, las oraciones largas en voz alta, e inclusive los ayunos, no mejoran las cosas entre el creyente y Dios. Solo la confesión simple y sincera del pecado puede hacer eso. La sangre de Cristo provee para el perdón, y la confesión es la avenida a través de la cual el creyente lo experimenta.

El no entender el propósito y el lugar de la confesión puede dar como resultado el temor y la incertidumbre en cuanto a nuestra salvación; perdemos el gozo, y quedamos con dudas que nos privan de la paz que el Señor quiere para sus hijos. Tenemos que recordar que la confesión no nos proporciona más amor y perdón del que ya tenemos. «El que no escatimó ni a su propio Hijo, sino que lo entregó por todos nosotros, ¿cómo no nos dará también con él todas las cosas?» (Romanos 8.32).

Si no entendemos con claridad la naturaleza y el poder de nuestra confesión, nuestro servicio para Dios se verá perjudicado. Nuestra ambivalencia interrumpirá nuestra motivación para servir a Dios porque no nos sentiremos dignos ni competentes. Tendremos un sentimiento de culpa: *¿Qué pensará Dios de mí? ¿Me pregunto si él se agrada de mí?* La nube de duda continuará sobre nosotros: *¿Habré confesado todo? ¿Estoy lo suficientemente apesadumbrado por mis pecados? ¿He dicho lo correcto?* Cuando entendemos nuestra verdadera posición en Cristo, estos pensamientos ya no nos perturban. Podremos confesar nuestros pecados, y en base a la sangre derramada de Cristo, aceptar nuestro perdón y darle gracias a Dios por su gracia para con nosotros. Y si se necesita hacer alguna clase de restitución a alguna persona ofendida, la haremos.

Cristo pagó nuestro castigo en el Calvario. No podemos añadir al pago sintiéndonos tristes por nuestros pecados o confesando el mismo pecado una y otra vez. Esto no es empequeñecer la maldad del pecado, sino engrandecer la gracia de Dios. Los creyentes están unidos a Cristo por fe. Los versículos siguientes declaran nuestra posición en él:

Ahora, pues ninguna condenación hay para los que están en Cristo Jesús. (Romanos 8.1)

El cual nos ha librado de la potestad de las tinieblas, y trasladado al reino de su amado Hijo, en quien tenemos redención por su sangre, el perdón de pecados. (Colosenses 1.13, 14)

En él también vosotros, habiendo oído la palabra de verdad, el evangelio de vuestra salvación, y habiendo creído en él, fuisteis sellados con el Espíritu Santo de la promesa, que es las arras de nuestra herencia hasta la redención de la posesión adquirida, para alabanza de su gloria. (Efesios 1.13, 14)

¿Quién nos separará del amor de Cristo? ¿Tribulación, o angustia, o persecución, o hambre, o desnudez, o peligro, o espada?... Por lo cual estoy seguro de que ni la muerte, ni la vida, ni ángeles, ni principados, ni potestades, ni lo presente, ni lo por venir, ni lo alto, ni lo profundo, ni ninguna otra cosa creada nos podrá separar del amor de Dios, que es en Cristo Jesús Señor nuestro. (Romanos 8.35, 38-39)

¡Aleluya! Estamos eternamente seguros en Cristo. El no confesar nuestros pecados no altera nuestra seguridad eterna, pero interfiere y grandemente obstaculiza, nuestra comunión con el Padre. En realidad, ése es un error muy caro.

TENEMOS QUE CREERLO

Una razón principal por qué no tenemos gozo después de nuestra confesión es porque realmente no creemos que Dios nos ha perdonado. Pensamos: *¿Cómo me puede perdonar Dios? Lo que he hecho es terrible.* Permanecemos bajo una carga de culpa que rehusamos dejar por nuestra incredulidad. Vi operar este principio en mi relación con un miembro de mi iglesia

Alejandro era uno de mis mejores amigos. Su negocio estaba atravesando por dificultades, y él necesitaba un préstamo a corto plazo. Le presté lo que necesitaba, que dicho sea de paso, era todo lo que yo tenía y una suma considerable. En vez de invertir en su negocio, él pagó todas sus deudas. De repente no volví a oír de él. No estaba en su asiento acostumbrado en el servicio de adoración, y no respondía a mis llamadas telefónicas.

Finalmente, por medio de un amigo, descubrí que había cerrado su negocio. Aún ningún contacto. Yo estaba luchando con mi propia actitud de desilusión y dolor. Finalmente, le pude decir al Señor: «Le perdono la deuda. Si él nunca me paga, está bien. Todavía lo amo como a un amigo».

Después de algún tiempo, nos encontramos, y le dije que estaba perdonado y que yo no esperaba que me pagara. Traté de comunicarle que no me debía nada y que todavía yo quería ser su amigo.

Pero Alejandro no podía aceptar mi perdón. El me criticaba ante los demás. Finalmente, se declaró en bancarrota para evitar que yo lo demandara, cosa que yo nunca hubiera considerado. El arruinó su crédito, su reputación, su relación con nuestra iglesia, y su efectividad en la obra del Señor porque no pudo aceptar el perdón completo y libre de un amigo que verdaderamente lo amaba. El no podía creer que nadie podría perdonarlo por malversar tanto dinero. Todavía está fuera de la comunión con Dios y fuera del servicio a Dios. El lleva una carga innecesaria de culpa porque no aceptó el don del perdón.

Así es con los creyentes si no dejamos la culpa que siempre acompaña el pecado. Nos ponemos bajo trauma y dolor innecesario. A menudo afecta nuestra relación con Dios como también con otros.

Pero Jesús dijo…

En el Sermón del monte, Jesús formuló una declaración sobre el perdón que pudiera parecer contradecir mucho o todo lo que se ha expuesto en este capítulo. El dijo:

> Porque si perdonáis a los hombres sus ofensas, os perdonará también a vosotros vuestro Padre celestial; mas si no perdonáis a los hombres sus ofensas, tampoco vuestro Padre os perdonará vuestras ofensas. (Mateo 6.14, 15)

¿Quiere decir esto que el no perdonar a alguien que me ha hecho mal me priva del perdón que Dios adquirió para mí por medio de la sangre de Cristo en el Calvario?

La contestación a esta pregunta está en entender lo que Cristo quiere decir por la palabra *perdón*. El estaba hablando a judíos temerosos de Dios, hombres y mujeres que estaban buscando la verdad de cómo relacionarse con Dios. Su declaración tiene que ser interpretada en el contexto de la familia.

Perdonar quiere decir liberar a otros de la deuda incurrida cuando nos han hecho mal. La deuda puede ser material o emocional, alguna clase de dolor o vergüenza. Cuando perdonamos, asumimos la pérdida. Liberamos a otros de las ataduras de deudas materiales o emocionales. Si rehusamos perdonar, nos hacemos esclavos de un espíritu implacable, acompañado de tensión, lucha, presión, irritación, frustración y ansiedad.

Por lo tanto, porque es siempre la voluntad del Padre que perdonemos a otros, rehusar perdonar a nuestros ofensores impide que Dios nos libre de la misma atadura. Porque nos ama, no puede pasar por alto nuestro espíritu diferente al de Cristo; tenemos que bregar con nuestro espíritu, confesando y perdonando a los que nos han ofendido. Si no lo hacemos, sufrimos el castigo de su disciplina, porque él rehusará liberarnos del castigo que implica un espíritu que no perdona.

Cuando Cristo dice en este pasaje: «Tampoco vuestro Padre os perdonará vuestras ofensas», él no está infiriendo que nuestra salvación está en peligro. Nuestra comunión con él es la que sufre. No podemos estar en buenas relaciones con Dios y no perdonar a otros. La confesión es absolutamente esencial si vamos a caminar en comunión con nuestro Padre celestial cuyo perdón hacia nosotros es eterno, cuyo amor incondicional hacia nosotros no puede disminuir, y cuya gracia hacia nosotros nunca puede ser obstruida.

Cuando usted peca, ¿qué debe hacer? Dele gracias a Dios en ese momento por mostrarle su pecado. Asuma su responsabilidad poniéndose de acuerdo con Dios en que ha pecado. Dele gracias por su perdón comprado en el Calvario por medio de la sangre de su Hijo. Si el pecado es contra otra persona, arregle las cuentas lo antes posible. Luego siga con perfecta confianza que las cosas están bien entre usted y su Creador.

Preguntas para crecimiento personal

1. Si sus pecados ya están perdonados, ¿por qué debe confesarlos?

2. ¿Cuál es la base para el perdón continuo?

3. ¿Cómo debe tratar a una persona que lo ha ofendido?

   ¿Qué sucede si rehúsa perdonar a alguien que lo ha ofendido?

4. ¿Por qué es esencial la confesión para los creyentes?

Acerquémonos, pues, confiadamente al trono de la gracia, para alcanzar misericordia y hallar gracia para el oportuno socorro.

Hebreos 4.16

CAPÍTULO SIETE

TRATANDO NUESTRAS HERIDAS

Cuando era joven, Jaime deseaba ser médico. Estudió mucho en la escuela primaria y superior. Su trabajo fue recompensado, y se graduó con notas excelentes. Pero cuando llegó el momento de asistir a la universidad, su padre rehusó dejarlo ir. Él lo forzó que se quedara y trabajara en la finca de la familia.

A la edad de veintitrés años, ya Jaime no podía seguir en la finca. Empacó todas sus pertenencias, cargó su automóvil y se marchó. Junto con su ropa y algunos libros, Jaime se llevó algo más también. Manejó todo aquel día con un corazón lleno de amargura y resentimiento hacia su padre.

Dondequiera que iba, Jaime tenía problemas con las personas. Cuando la gente trataba de acercarse a él, su amargura salía a relucir y no podía forjar amistades duraderas. El joven se sentía rechazado y solo. Debido a eso, no paraba en ningún trabajo y nunca pudo establecerse.

Finalmente, conoció a una joven que se interesó en él. Después de un corto compromiso se casaron. Ella era viuda y tenía un hijo. A las tres semanas de casados, un desbordamiento de ira inesperado de parte de Jaime, marcó el comienzo de cuarenta años de infierno en la tierra para su fiel esposa. El temperamento abrupto y el lenguaje vil de Jaime alejaron a los pocos amigos que tenía y, finalmente, las amistades de su esposa tampoco pudieron tolerar su comportamiento. Así siguió hasta los últimos días de su vida, casi ciego, senil e incapaz de cuidarse a sí mismo. Y el veneno de la amargura continuó carcomiéndole el corazón a Jaime. Y todo porque no estaba dispuesto a lidiar con el rechazo y la herida que había experimentado cuando era adolescente.

Yo no sé todas las razones por qué el padre de Jaime no lo dejaba salir de la finca. Tal vez no era un hombre instruido y se sintió amenazado por los planes de estudio de Jaime. Puede que haya sido egoísta y no deseaba perderlo como agricultor. Démosle a Jaime el beneficio de la duda y digamos que estaba justificado en sentirse herido por la decisión de su padre. A pesar de ser «justificada», sin embargo, la reacción de Jaime no hirió a su padre ni la mitad de lo que lo hirió a él. Así es la naturaleza de un espíritu que no perdona. Es como un carbón encendido. Mientras más tiempo y más apretado lo sostenga, más profunda será la quemadura. Como un carbón encendido, la amargura, también, dejará una cicatriz que aun el tiempo no podrá borrar.

DESARROLLANDO UN ESPÍRITU QUE NO PERDONA

El espíritu que no perdona no se desarrolla de la noche a la mañana. Conlleva un proceso de consecuencias y toma tiempo en desarrollarse. Hablando con muchas personas a través de los años, he descubierto que hay diez etapas por las que el individuo probablemente pasa. No todos pasarán por cada etapa, pero casi todos los que he conocido con un espíritu que no perdona se pueden identificar con varias de ellas.

1. NOS HERIMOS

Las semillas de un espíritu que no perdona se siembran cuando nos hacen mal o nos hieren de alguna manera. Puede ser una herida física, emocional o verbal. Puede ser una herida que experimentamos de niños o de adultos. Realmente no importa cuándo. Como vivimos en un mundo tan egocéntrico, a menudo experimentamos nuestra primera herida de niños, y desafortunadamente, esta herida temprana viene de la gente a quien más queremos y respetamos.

Como vimos en el capítulo 1, todas nuestras heridas son alguna forma de rechazo. Puede ser que inicialmente no las percibamos como rechazo, pero eso es lo que sucede cuando otros nos causan daño. Puede ser que sintamos dolor, abandono, odio u otra emoción negativa. Pero todas se relacionan con el rechazo.

El sentimiento de rechazo es, entonces, la primera etapa en el desarrollo de un espíritu que no perdona. Siendo éste el caso, todos tenemos el potencial de sufrir problemas en esta esfera. Por lo tanto, tenemos que estar siempre alertas para detener el proceso en su etapa de comienzo.

2. Nos confundimos

A menudo nuestra respuesta inicial a la herida, no importa la forma que tome, es confusión. Experimentamos un sentido de perplejidad; no estamos seguros de cómo responder. Es similar a estar en un estado de choque. En este estado podemos pensar: *Esto no está realmente sucediendo.* Puede ser que tengamos una reacción física, tal como un sentimiento de vacío en la boca del estómago. Mucha gente se ha llegado a enfermar después de experimentar rechazo. Generalmente ésta es una etapa corta, e inmediatamente pasamos a la tercera etapa.

3. Buscamos rodeos

Todos queremos evitar el dolor. Por eso, cuando estamos emocionalmente heridos, en vez de pensar en eso, tendemos a encontrar maneras de evadir esos pensamientos o recuerdos dolorosos. Buscamos rodeos mentales. No nos permitimos a nosotros mismos pensar en ciertas cosas. Cambiamos el tema cuando surgen ciertos tópicos. Este deseo de evitar enfrentar heridas pasadas motiva a mucha gente a beber demasiado. Otros se vuelven adictos a drogas recetadas y no recetadas. El hecho es que todos los adictos a las drogas o los alcohólicos que he aconsejado, estaban tratando de cubrir el dolor del pasado. La raíz del problema nunca es el alcohol o las drogas; siempre es la incapacidad de bregar con el rechazo.

También tomamos rodeos «físicos». Tendemos a evadir a cierta gente, lugares y cosas. Cualquier cosa que nos recuerde la herida, queda fuera de límites. Nunca olvidaré a la hija de un predicador que aconsejé. Estaba llena de amargura contra su padre. Durante nuestra conversación, me dijo: «Nunca me casaré con un predicador». No había ciertamente ninguna conexión entre su padre y los candidatos a predicadores en el mundo. Pero en su mente sí la había. Predicador quería decir «rechazo». Por lo tanto, había que evadir a los predicadores a todo costo.

Un estudiante universitario en nuestra iglesia no me toleraba, y yo no entendía por qué. Finalmente, uno de sus amigos me lo explicó. Su padre constantemente me citaba, especialmente cuando estaba disciplinando a su hijo. El problema del joven era realmente entre él y su padre. Pero como su padre lo había herido, él miraba con desprecio a cualquier persona o cosa asociada con su padre.

4. CAVAMOS UN HOYO

Después que tratamos de «programar» todo lo relacionado a nuestra herida, o sea arreglar nuestro patrón de pensamientos y vivir en general como si nunca tuviéramos contacto con cualquier cosa que nos recuerde nuestra herida (un plan que raras veces tiene éxito), intentamos olvidar todo lo ocurrido. Cavamos un hoyo y enterramos la herida lo más profundamente que podemos.

5. LO NEGAMOS

La quinta etapa es también de negación. Negamos que jamás fuimos heridos o que estamos escondiendo algo. Sonreímos y decimos: «Oh, ya yo he solucionado eso». O: «Yo lo perdoné hace mucho tiempo».

Esta es una etapa de la que a la gente le cuesta mucho salir. He conocido a muchos adultos que llevan una carga de amargura, como lo demuestran por su temperamento u otro comportamiento negativo, pero no ven ninguna conexión entre una niñez turbulenta y sus problemas como adultos. Los problemas de una mujer estaban tan obviamente conectados a su relación con su padre que cualquiera que conocía algo sobre su pasado, trataba de hacer que ella viera la conexión. Pero ella la negaba.

Un amigo mío le recomendó a un miembro de la iglesia que recibiera asesoramiento para resolver el problema de la amargura que sentía hacia su padre. El miembro de la iglesia, sin embargo, solo se reía cuando lo confrontaban con la noción de que su relación con su padre estaba en alguna forma conectada con sus luchas presentes. «Yo era muy niño cuando pasó eso», dijo él, refiriéndose a un incidente en el que fue claramente rechazado por su padre.

6. NOS SENTIMOS DERROTADOS

No importa el éxito que pensemos tener al haber enterrado nuestra herida, todavía saldrá en nuestro comportamiento. Un carácter impulsivo, excesiva sensibilidad, timidez, un espíritu crítico, celos; todo esto puede ser evidencia de rechazo sin resolver. La tragedia es que cuando negamos que estamos albergando heridas, miraremos a todos lados, menos a donde tenemos que mirar para cambiar el comportamiento indeseado. Podemos mudarnos, cambiar de trabajo, de amistades, rededicar nuestra vida, hacer resoluciones de Año Nuevo, aprender de memoria versículos de la Biblia, decir oraciones más largas, ayunar o hacer un sinnúmero de ejercicios espirituales. Pero hasta que no breguemos con la raíz del problema, seremos derrotados al final en nuestro intento de cambiar.

Veo esto constantemente cuando aconsejo a matrimonios. La esposa relata su historia de horror de cómo su esposo (que está sentado a su lado) la abusa verbalmente y a veces físicamente. Ella describe en detalle su carácter violento e impredecible. Llora al contar cómo su esposo ha arruinado su vida y la de sus hijos.

Bastante sorprendido, el esposo mueve su cabeza asintiendo a todas las acusaciones de su esposa. Yo he visto a esposos comenzar a llorar avergonzados de las cosas que han hecho y del dolor que han causado. Sin embargo, la mayoría de las veces, salen por la puerta de lo que parece ser una reunión de asesoramiento de «cambio de vida» y repiten el mismo comportamiento despreciable. ¿Por qué? Porque aun cuando se sienten afligidos por su comportamiento, no han bregado con la raíz del problema.

Por otro lado, he visto a hombres y mujeres bregar con la ira y ofensas que han estado soportando toda la vida. He visto a hombres bregar de una vez por todas con su carácter. He visto a mujeres dejar para siempre las expectativas infundadas que tenían de sus esposos. El cambio repentino sucede siempre después de descubrir, reconocer y bregar con la raíz de amargura. (Veremos en otro capítulo posterior cómo se logra esto.)

7. NOS DESALENTAMOS

Esta es la etapa crítica. Es la etapa donde buscamos ayuda profesional o nos salimos de la circunstancia presente. Después de un tiempo nos parece que las cosas no van a cambiar ni a mejorar nunca. Cualquier pequeño progreso que veamos es aniquilado por otro incidente que confirma la sospecha de que no hay esperanza.

Esta es la etapa cuando los esposos dejan a sus esposas porque sus esposas no cambian o porque son incapaces de encender ese «sentimiento amoroso» que una vez tenían. Esta es la etapa en que las mujeres comienzan a depender del alcohol y de las drogas recetadas para pasar el día.

Un espíritu que no perdona destruye el respeto. Si se deja ir sin observar, puede disolver la lealtad y aun el sentido del deber que son tan necesarios para mantener unido al matrimonio en tiempos difíciles. Las relaciones extramaritales vienen a ser una opción viable para personas que públicamente han hablado contra el adulterio. El divorcio llega a ser una opción para parejas que se comprometieron incondicionalmente para toda la vida. Los que no pueden prever circunstancias mejores, a menudo escogen escapar quitándose la vida. Tal es el poder de un espíritu que no perdona.

8. Descubrimos la verdad

Para algunos de nosotros hay un final dichoso. Por medio de la ayuda de alguien o por la gracia de Dios, descubrimos la raíz de amargura. Recibimos una visión en cuanto a la razón por qué actuamos como actuamos. Podemos ver la conexión entre el pasado y el presente. Al fin las piezas caen en su lugar.

9. Aceptamos la responsabilidad que nos corresponde

La etapa nueve está estrechamente relacionada a la anterior. En esta etapa confesamos sinceramente nuestra responsabilidad. Decidimos dejar de culpar a otros. Decidimos dejar de esperar que todos y cada cosa alrededor de nosotros cambien. Abrimos nuestro corazón para que Dios haga su voluntad, no importa cuánto nos duela.

10. Somos liberados

El resultado final para aquellos que están dispuestos a bregar con un espíritu que no perdona es la libertad. Mi amigo, usted puede ser libre de ese comportamiento vergonzoso, inapropiado que divide la familia.

Tal vez diga: «Pero usted no sabe lo que me ha pasado a mí. No sabe lo que he sufrido». Tiene razón, no lo sé. Pero he conocido a personas en toda clase de circunstancias que han sido liberadas y restauradas.

ASÍ QUE, ¿QUÉ ES LO QUE ESPERA?

Tal vez esté usando la excusa que sus circunstancias son tan malas que jamás podría perdonar a las personas que lo han herido. Lo cierto es, sin embargo, que podría hacerlo si quisiera. Si no está dispuesto a perdonar, al final destruirá su propia vida. Y no podrá culpar a nadie por eso.

Si no está dispuesto a perdonar, tiene uno o varios problemas. Primero, su actitud puede ser el resultado del *egoísmo*. Ha sido herido. Algo injusto le ha sucedido. No se salió con la suya. Sus pensamientos se han introvertido, y está preocupado solamente de sí mismo, de sus derechos, de sus sentimientos. Está esperando que el mundo le pida perdón antes de estar dispuesto a perdonar. *Después de todo*, piensa usted, *la otra persona tuvo la culpa*. Vive en una prisión formada por sus emociones y expectativas. Es egoísmo porque tiene la posibilidad de hacer algo si quiere. Tal vez es demasiado egoísta para dar el primer paso.

Quizás su problema es el *orgullo*. Cuando hay orgullo en un corazón, es difícil perdonar. El orgullo se yergue frente a su pensamiento y dice: «Mira lo que te han hecho. Si los perdonas, la gente pensará que eres débil y que careces de fortaleza».

El orgullo le dice que de alguna manera se vengue de los que lo han herido; en realidad, solo lo destruye a usted. El problema es que cuando usted se dispone a vengarse, aunque sea solo en su mente, está asumiendo una tarea que se le ha dado a Cristo y solo a Cristo. El es el Juez. A su tiempo, los que lo han herido pagarán por su pecado (Romanos 14.10). Mientras tanto usted los perdona.

Una tercera razón por la que usted no está dispuesto a perdonar es que está luchando con una *baja autoestima*. Permítame explicarle cómo obra esto. Para comenzar, las personas con poca autoestima se sienten insignificantes. A menudo sin entender realmente lo que está sucediendo, asignan su significado al mal que han sufrido. He conocido gente que ha vivido la mayor parte de su vida adulta respondiendo a una injusticia que sufrieron en manos de un jefe injusto. Constantemente dicen cosas así: «Usted sabe que yo no estaría aquí si no fuera por...»

La circunstancia adversa viene a ser un punto de referencia para todo en la vida.

Cuando sucede esto, las personas no pueden perdonar. Bregar con la herida que sufrieron sería quitarles la cosa más esencial de su identidad. Ya no recibirían la simpatía de otros en los cuales confían. No tendrían más historias tristes que contar. No tendrían más excusas por su falta de diligencia y disciplina.

¿Tiene usted el hábito de hablar siempre de un acontecimiento particular en su vida cuando fue tratado injustamente? Para saber con seguridad, pregúnteles a sus amigos más cercanos o a su esposa. Sin darse cuenta, usted ha dejado que su identidad se envuelva con un hecho que necesita dejar atrás. Su verdadera y eterna identidad se encuentra con Dios a través de Cristo. Para experimentar el gozo y la libertad disponibles para usted en Cristo, tiene que perdonar a los que lo han ofendido y seguir adelante.

Otra razón por la que no quiere bregar con su espíritu que no perdona, es que *usted piensa que ya lo ha hecho*. Algunas veces en el pasado reconoció que lo habían herido. Puede haber admitido que «necesitaba» perdonar a otros. Puede ser que haya pronunciado esta oración: «Perdono a Fulano». Puede ser que lo haya dicho de todo corazón. Sin embargo, si todavía hay evidencias emocionales y verbales de que algo en su interior lo molesta, si todavía se siente incómodo alrededor de la gente que lo ha ofendido, o las cosas que le recuerdan a dicha gente todavía lo hacen sentirse tenso, a posible que todavía no haya bregado completamente con la situación. En el próximo capítulo explicaremos cómo perdonar completamente.

La quinta razón por la que una persona rehúsa perdonar es que es *doloroso*. Estar dispuesto a perdonar es doloroso, porque pensar en heridas pasadas a menudo hace revivir las emociones desagradables originales. Perdonar puede ser especialmente doloroso si el mal hirió tan profundamente que el dolor sufrido fue sepultado y olvidado. El solo pensar en desenterrar el pasado hace a mucha gente correr de un lado para otro.

Esto es verdadero especialmente de los que fueron heridos cuando niños. Casos relacionados con abusos de niños, incesto, violaciones, golpes severos, o el haber sorprendido a uno de los padres en relaciones extramaritales, son extremadamente dolorosos. Algunas veces estos incidentes prácticamente han sido borrados de la memoria. No obstante, a menudo son la clave para una sanidad y libertad completa. Al hablar con gente de su pasado, buscando una clave para sus luchas, a menudo toco un tema que inmediatamente trae lágrimas a sus ojos. Ellos dicen: «No puedo hablar sobre eso», o «prefiero no tocar el tema». Generalmente, las puertas que menos quieren abrir, son las que más necesitan abrir.

Si en su pasado existen hechos que le duelen al solo pensar en ellos, sepa que vale la pena el dolor para ser liberado. Dios quiere hacerle cirugía espiritual. El quiere quitarle la amargura y el dolor. Dolerá pero sanará. Y si le queda una cicatriz, será mucho más fácil vivir con ella que con la herida abierta que tiene ahora.

Existe una última razón: *Usted no sabe perdonar.* Quizá está a punto de decir: «Estoy listo, solo dígame qué hacer». Espero que así sea. Por mucho tiempo viví sabiendo que necesitaba perdonar a algunas personas en mi pasado, pero no sabía cómo hacerlo. El siguiente capítulo le ayudará a entender el proceso del perdón y lo que tiene que hacer para perdonar.

¿DÓNDE SE ENCUENTRA USTED?

Antes de seguir adelante, deseo que piense en lo que he dicho en este capítulo. ¿Le han hecho mal o lo han herido recientemente o en el pasado? ¿Fue su tendencia tratar de olvidarlo y seguir adelante? ¿Tiene el hábito de enterrar las emociones dolorosas que parecen asomarse de vez en cuando? ¿Se aísla de ciertas personas? ¿Hay lugares o cosas que le hacen revivir un dolor? ¿Hay normas de comportamiento que le resultan imposibles de cambiar?

¿Está luchando con la depresión? ¿Está batallando con la urgencia solo para salirse de su circunstancia presente porque la presión es demasiado pesada para sobrellevar? ¿Está cansado de herir a las personas que más ama? ¿Cree que cualquier otro lugar es mejor? ¿Comienza a preguntarse si su familia y el mundo estarían mejor sin usted?

Si contesta afirmativamente a cualquiera de estas preguntas, es posible que haya gente a la que necesite perdonar. Puede ser que esté alimentando un espíritu que no perdona. Por favor, no deje que el orgullo y el egoísmo se inmiscuyan en su camino. Por favor, no permita que el temor al dolor lo detenga. Quizás esté al borde de un milagro en su vida y su liberación esté a las puertas.

Preguntas para crecimiento personal

1. Indique las diez etapas de un espíritu que no perdona y explíquelas.

2. Nombre seis razones por las cuales una persona rehúsa perdonar a otros.

3. Dé un ejemplo de cuando usted no quiso perdonar a alguien.

   ¿Cómo se sentía en cuanto a su relación con Dios?

   Dé un ejemplo de cuando perdonó a alguien.

   ¿Cómo se sintió en cuanto a su relación con Dios?

4. ¿Hay algunas personas a las que usted no está dispuesto a perdonar? Piense en la forma en que un espíritu que no perdona le ha afectado.

Antes sed benignos
unos con otros,
misericordiosos,
perdonándoos unos
a otros, como Dios
también os perdonó
a vosotros en Cristo.

EFESIOS 4.32

CAPÍTULO OCHO

LA PAZ DEL PERDÓN

Cuando pienso en la gracia de Dios y en la profundidad de su poder sanador, recuerdo a una mujer que conocí por intermedio de mi hijo. Nunca antes había conocido a una mujer que hubiera sufrido tanto y, sin embargo, que perdonara tan profundamente. Su historia ilustra perfectamente cómo los principios del perdón se aplican a las circunstancias particulares de un individuo.

Cuando Susana vino por primera vez a la oficina de consejería, era una mujer muy asustada. Al comenzar a hablar, recordó un pasado treinta y un años distante cuando ella tenía doce años de edad. (Para más información sobre este proceso, vea el Apéndice B.) Aquel día, aunque su tío no estaba sentado frente a ella, Susana comenzó a hablar con él, como si él estuviera sentado en la silla vacía, sobre cosas que habían ocurrido años atrás, cuando él se había aprovechado de su inocencia abusándola vez tras vez. Ella le habló del dolor, de la ira y del odio que había sentido por muchos años.

Luego el tono de su voz cambió. La amargura dio lugar a la comprensión, y el odio a palabras de perdón. «Lo que usted me hizo cuando niña ha sido un factor en todo lo que me ha sucedido desde entonces. ¿Cómo puedo perdonarlo? Le diré cómo. Hace tiempo me di cuenta de que necesitaba pedirle a alguien que me perdonara. Ese alguien era Dios. Y cuando le pedí perdón a él, esto fue lo que me dijo: 'Tus pecados fueron perdonados cuando mi Hijo murió en la cruz. Tú ya estás perdonada. Acéptalo y comienza a vivir tu vida como hija, no como una esclava de tu pecado.' Me di cuenta de que en el momento que Jesús murió en la cruz, fui perdonada por todo lo que yo haría. Comencé a entender que *no* tenía derecho de no perdonarlo a usted. Así que, hoy nos dejo en libertad a usted y a mí misma por lo que pasó hace tanto tiempo. Lo perdono».

Con lágrimas que comenzaron a lavar la amargura, Susana mencionó una lista de nombres. Con cada uno, siguió el mismo proceso. Habló del dolor que la había consumido por años. Habló sobre el rechazo, el sentimiento de que realmente a nadie le importaba si vivía o moría. Cuando llegó al último nombre en la lista, se detuvo. «¿Cómo puedo perdonarlo a usted? No sé si puedo. Aun así, creo que si no lo hago, jamás seré libre». Con eso, ella se imaginó a sí misma sentada en la silla. Habló sobre las cosas que había hecho para probar cuán mala era y para hacerse daño. Cuando hubo dicho todo, afirmó una vez más: «Si Dios me perdonó por todo lo que he hecho, ¿qué derecho tengo de no perdonarlo a usted?»

Ese día, al salir de aquel lugar, Susana había perdonado a la gente que la había herido tan profundamente, y también se había perdonado a sí misma. Por eso salió como una persona libre, libre de la amargura y del odio que la habían tenido prisionera. Le llevó treinta y un años perdonar a la persona que había culpado por una «vida tan desdichada». Pero le tomó solamente un par de horas descubrir la libertad que Dios ha provisto para todo aquel que quiere aprender a perdonar.

Un asunto personal

El perdón es algo que cada uno de nosotros tiene que tratar de una manera o de otra. Lo que le puede tomar a usted un corto tiempo para tratarlo completamente, puede ser un proceso que a otra persona le lleve más tiempo, oración y asesoramiento. Pero es un proceso que no podemos pasar por alto si queremos ser libres. Si nos rehusamos a resolver las amarguras y los resentimientos que nos atan, no podemos tener la comunión con nuestro Padre que debemos tener.

En mis años de pastor y consejero, he hablado con muchas personas como Susana que han pasado años como esclavas de alguien porque no han estado dispuestas a perdonar. También he visto la libertad que llegan a disfrutar cuando al fin entienden y se apropian de la idea del perdón.

En este capítulo consideraremos los aspectos prácticos de aprender a perdonar. Pero antes, tenemos que salvar algunos obstáculos relativos al verdadero perdón.

ACLARANDO ALGUNAS CONFUSIONES

Uno de los obstáculos para perdonar a otros es toda la información errónea que se ha filtrado en nuestra teología. Algunas de estas ideas han entrado a través del uso repetido de clichés. Otras han pasado de generación a generación sin ninguna base bíblica.

La primera idea que necesitamos aclarar es ésta: ¿Es justificar, entender o explicar el comportamiento de alguien lo mismo que perdonarlo? Ciertamente yo puedo entender que «mi hermano» estaba bajo mucha tensión cuando me levantó la voz en presencia de mis clientes, pero, ¿quiere eso decir que lo he perdonado? Claro que no. Entender la situación de alguien es parte del proceso del perdón, pero es solo parte.

Otra idea errónea que hemos adoptado es que el tiempo sana todas las heridas. Yo creo que ése es uno de los más mal usados (y dañinos) clichés que he oído. ¿Cómo podría el transcurso del tiempo o el proceso del olvido llevar al perdón? ¿Cuántas veces hemos dicho esto a alguien, con buenas intenciones? Susana perdonó a su tío cuando habían transcurrido treinta y un años. Si el tiempo hubiera sido el factor sanador, ciertamente el dolor que ella experimentó se hubiera resuelto mucho antes que ella entrara en mi oficina. Aun así, ella admitió que el tiempo solo empeoró las cosas.

Aquí hay otro malentendido que he tratado brevemente: ¿Perdonar es *negar* que hemos sido heridos o pretender que la herida no fue gran cosa? Podemos tratar de convencernos a nosotros mismos (después de perdonar a otros) que lo que ellos hicieron en realidad no fue tan grave. Esta forma de negación está en contra del proceso del perdón. Está negando que otros nos hirieron en una forma que nos causó verdadero dolor físico, mental o emocional. Es como negar una parte real de nosotros mismo.

Otro concepto erróneo dice que para perdonar tenemos que ir personalmente a la persona que nos ofendió y confesarle nuestro perdón. Confesar nuestro perdón a alguien que no lo ha solicitado generalmente causa más problemas que soluciones. Nunca olvidaré a un joven en nuestra iglesia que le pidió a una de las damas de nuestra junta que lo perdonara por codiciarla. Ella no tenía idea de que el joven tenía problema con la codicia, y la confesión hizo que se sintiera turbada y cohibida cuando él estaba cerca.

Raras veces yo aconsejo a la gente que confiese su perdón a aquellos que los han herido si las otras personas no lo han solicitado. Cuando comenzamos a comprender la naturaleza del perdón, se entiende claramente por qué este principio es verdadero. Dios nos perdonó mucho antes de que nosotros le pidiéramos perdón. Como hemos visto, él nos ha perdonado cosas por las cuales nunca pedimos perdón. De la misma manera, nosotros somos libres para perdonar a otros por cosas que ellos nunca sabrán que les hemos perdonado.

Yo digo *raras veces* porque hay algunas ocasiones cuando es apropiada la confesión de este tipo. Recuerde que hay una diferencia entre decirle a alguien que lo ha perdonado y en perdonarlo. El perdón debe comenzar en el momento en que lo ofenden, aunque en realidad se puede confesar nuestro perdón más tarde. No necesitamos esperar que la persona pida perdón para que la perdonemos. Si así fuera, muchas veces esperaríamos para siempre.

Debemos confesar nuestro perdón si ocurre una de dos situaciones. Primero, debemos confesar nuestro perdón si se nos pide. Esto ayuda a aclarar la conciencia del que nos ha ofendido, y le asegura que no tenemos nada en contra de él.

Segundo, debemos confesar nuestro perdón si sentimos que el Señor quiere que confrontemos a alguien por su pecado. Este pecado puede haber sido hacia nosotros personalmente o hacia alguien a quien amamos. Puede ser necesario en el curso de la conversación asegurarle a dicha persona que la ha perdonado y que se dirige a ella considerando que le será de ayuda. Cuando confrontamos a otros sobre su pecado, el asunto del perdón tiene que estar resuelto en nuestro propio corazón. Nunca debemos confrontar para forzar a otro a pedirnos perdón.

El perdón es un asunto que conlleva mucho más que poner tiempo entre nosotros y el acontecimiento, o decir más palabras en una oración. Es un proceso que involucra entender nuestro propio perdón y cómo se aplica a aquellos que nos han herido.

PERDONANDO A OTROS

El perdón es un hecho de la voluntad que involucra cinco pasos.

1. ESTAMOS PERDONADOS

Primero, tenemos que reconocer que *hemos sido totalmente perdonados*. La mayoría de la gente se desconcierta en este punto. Por esta razón he explicado en detalle la base para el perdón. Pablo lo resume bellamente: «Porque en cuanto murió [Jesús], al pecado murió una vez por todas; mas en cuanto vive, para Dios vive» (Romanos 6.10).

Cuando entendemos la profundidad de nuestro pecado y la separación que puso entre nosotros y Dios, y cuando vislumbramos el sacrificio que Dios hizo para restaurar la comunión con nosotros, no vacilaremos en participar en el proceso del perdón. Entender lo que Dios hizo por nosotros y luego rehusar perdonar a los que nos han ofendido es ser como el mal agradecido siervo impío que describió Jesús:

> Por lo cual el reino de los cielos es semejante a un rey que quiso hacer cuentas con sus siervos. Y comenzando a hacer cuentas, le fue presentado uno que le debía diez mil talentos. A éste, como no pudo pagar, ordenó su señor venderle, y a su mujer e hijos, y todo lo que tenía, para que se le pagase la deuda. Entonces aquel siervo, postrado, le suplicaba, diciendo: Señor, ten paciencia conmigo, y yo te lo pagaré todo. El señor de aquel siervo, movido a misericordia, le soltó y le perdonó la deuda.
>
> Pero saliendo aquel siervo, halló a uno de sus consiervos, que le debía cien denarios; y asiendo de él, le ahogaba, diciendo: Págame lo que me debes. Entonces su consiervo, postrándose a sus pies, le rogaba diciendo: Ten paciencia conmigo, y yo te lo pagaré todo. Mas él no quiso, sino fue y le echó en la cárcel, hasta que pagase la deuda. Viendo sus consiervos lo que pasaba, se entristecieron mucho, y fueron y refirieron a su señor todo lo que había pasado.
>
> Entonces, llamándole su señor, le dijo: Siervo malvado, toda aquella deuda te perdoné, porque me rogaste. ¿No debías tú también tener misericordia de tu consiervo, como yo tuve misericordia

de ti? Entonces su señor, enojado, le entregó a los verdugos, hasta que pagase todo lo que le debía. (Mateo 18.23-34)

Leemos la parábola y pensamos, *¿cómo puede alguien ser tan ingrato?* Pero el creyente que no perdona a otro es aun más culpable y más ingrato que aquel siervo. El primer paso, entonces es darnos cuenta de que hemos sido totalmente perdonados de una deuda que nunca podríamos pagar y, por lo tanto, no tenemos base para rehusar perdonar a otros.

2. PERDONE LA DEUDA

El segundo paso es *liberar a la persona de la deuda* que pensamos que nos debe a nosotros por la ofensa. Esta tiene que ser una liberación mental, emocional y a veces física. Conlleva el juntar en nuestra mente todos los sentimientos hostiles y rendirlos a Cristo.

Esto se logra en una de dos maneras: Ya sea enfrentando a la persona cara a cara o, como lo hizo Susana, usando un sustituto. Ambos operan igualmente bien, pero uno puede ser más apropiado que el otro. En caso de que la persona haya muerto, viva lejos o es totalmente inalcanzable, será necesario usar el método de la silla como sustituto.

3. ACEPTE A LAS PERSONAS COMO SON

El tercer paso es *aceptar a los demás como son*, y liberarlos de cualquier responsabilidad para satisfacer nuestras necesidades. Estoy seguro de que todos hemos conocido a personas que han puesto su responsabilidad de ser aceptadas en nosotros o en alguien que conocemos. Puede ser que usted mismo sea así. Cierta gente puede hacerle el día feliz o arruinárselo, dependiendo de la atención que le presten. Este es un rasgo común en personas que no pueden o no están dispuestas a perdonar. Pero cuando decidimos perdonar como un acto de la voluntad, absolvemos a otros de cualquier responsabilidad de satisfacer nuestras necesidades.

4. VER A LOS DEMÁS COMO INSTRUMENTOS DE CRECIMIENTO

Cuarto, tenemos que *ver a los que hemos perdonado como instrumentos en nuestra vida* para ayudarnos a crecer en la comprensión de la gracia

de Dios. Aun con todo mi conocimiento de la Biblia, no puedo entender y apreciar la gracia de Dios al igual que Susana. Aunque ella no
pasaría otra vez por lo que ha pasado ni por todo el oro del mundo,
tampoco cambiaría lo que ha aprendido acerca de su Padre celestial
por ese oro.

José aprendió este principio. Después de lo que sus hermanos le
hicieron, pudo perdonarlos. El los vio como instrumentos de Dios para
llegar a Egipto y estar en posición de salvar a su familia de morir de
hambre. Así que, cuando sus hermanos se postraron delante de él,
temerosos de lo que pudiera hacerles para desquitarse, les dijo:

> No temáis; ¿acaso estoy yo en lugar de Dios? Vosotros pensasteis
> mal contra mí, mas Dios lo encaminó a bien, para hacer lo que
> vemos hoy, para mantener en vida a mucho pueblo. Ahora, pues,
> no tengáis miedo; yo os sustentaré a vosotros y a vuestros hijos.
> (Génesis 50.19-21)

5. RECONCÍLIESE

Lo último que tenemos que hacer es *reconciliarnos* con los que
hemos estado enemistados. Esto variará con cada situación. Pero si hay
un miembro de la familia, un pariente distante, un antiguo empleado,
o tal vez un viejo amigo que hemos evadido porque teníamos hostilidad en nuestro corazón contra esa persona, necesitamos restablecer
contacto. Puede ser que tengamos que comenzar pidiendo disculpas.
No importa como lo hagamos, tenemos que hacer lo que podamos
para restaurar la comunión con los que nos han herido. Cuando hayamos completado nuestro perdón, será más fácil la reconciliación. En
realidad, muchas personas que he aconsejado han corrido a amigos y
parientes enemistados para restablecer contacto. Cuando se quita la
barrera de la falta de perdón, pueden aparecer todos los sentimientos
agradables, y hay gozo en el proceso de la restauración.

Después de completar los cinco pasos relativos al perdón, debemos
pronunciar esta simple oración:

Señor, yo perdono a (nombre de la persona) por (nombre cosas específicas).
Ejerzo autoridad sobre el enemigo, y en el nombre de Cristo Jesús y por el

poder de su Espíritu Santo, recobro el terreno que le he permitido a Satanás ganar en mi vida por mi actitud hacia (la persona) y devuelvo este terreno a mi Señor Jesucristo.

No tenemos que orar esta oración palabra por palabra, pero es un modelo sugerido para usar cuando bregamos con perdonar a alguien. Es esencial nombrar a la persona y lo que se le ha perdonado.

¿QUÉ PASA SI SUCEDE OTRA VEZ?

¿Qué pasa si la persona que hemos perdonado nos vuelve a herir? ¿Qué pasa si vuelve a ocurrir lo mismo? ¿Hará lo que hemos hecho menos real? Al principio, sin duda, sentiremos dolor, amargura o ira, o tal vez las tres. Satanás nos recordará nuestras heridas pasadas. Puede ser que seamos tentados a dudar de la sinceridad de nuestra decisión de perdonar a esa persona.

Si esto sucede, es importante recordar que el perdón es un acto de la voluntad. La decisión inicial de perdonar a una persona tiene que ser seguida de un andar de fe en perdón. El aferrarse con firmeza a la decisión de perdonar a esa persona y aplicar un perdón adicional, si fuere necesario, nos permite reemplazar la herida y los recuerdos malogrados con victorias de fe. La nueva ofensa se puede perdonar cada vez que ocurre sin relacionarla a las ofensas pasadas, que ya han sido perdonadas.

Es igualmente importante recordar que el perdón es para nuestro propio beneficio. El comportamiento de la otra persona quizá nunca cambie. Es asunto de Dios, no de nosotros, cambiar a esa persona. Es nuestra responsabilidad ser liberados de la presión y del peso de una actitud que no perdona.

SABREMOS QUE HEMOS PERDONADO CUANDO...

Varias cosas sucederán una vez que el proceso del perdón quede completo. Primero, desaparecerán nuestros sentimientos negativos. No nos sentiremos de la misma manera que nos sentíamos cuando nos encontrábamos con esa gente en la calle o en la oficina. Los sentimientos acerbos pueden ser reemplazados por sentimientos de solicitud, compasión o empatía, pero no por el resentimiento.

Segundo, hallaremos mucho más fácil aceptar a la gente que nos hiere sin sentir la necesidad de cambiarla; estaremos dispuestos a aceptarla como es. Tendremos una nueva apreciación por su situación una vez que el velo del resentimiento haya sido quitado de nuestros ojos. Entenderemos mejor por qué actuaron y continúan actuando como lo hacen.

Tercero, nuestra preocupación por las necesidades de los demás excederá nuestra preocupación por lo que nos hicieron. Podremos concentrarnos en ellos, no en nosotros o en nuestras necesidades.

El perdón es un proceso que puede ser doloroso y a veces parece interminable. Cualquiera que sea nuestro dolor, cualquiera que sea nuestra situación, no podemos asirnos de un espíritu que no perdona ni un día más. Tenemos que involucrarnos en el proceso de perdonar a otros y descubrir lo que quiere decir ser verdaderamente libre. El perseverar y fijar los ojos en Aquel que nos perdonó, será una fuerza liberadora como ninguna otra cosa que hayamos experimentado.

Preguntas para crecimiento personal

1. Identifique y discuta cuatro conceptos erróneos comunes sobre el perdón.

2. El perdón es un acto de la voluntad que comprende cinco pasos. Nombre y explique esos cinco pasos.

3. Si la gente lo hiere repetidamente, ¿qué debe hacer usted?

   ¿Deberá tratar de cambiar el comportamiento de las personas?

   ¿Por qué sí o por qué no?

4. ¿Qué tres cosas puede esperar que sucedan una vez que esté completo el proceso del perdón?

   ¿Recuerda haber experimentado estos resultados?

Porque el pecado
no se enseñoreará
de vosotros; pues
no estáis bajo la ley,
sino bajo la gracia.

CAPÍTULO NUEVE

Perdonándonos a
nosotros mismos

El perdón está basado en la obra expiatoria en la cruz, y no en nada que podamos hacer. Ni el perdón de Dios ni nuestra comunión con él dependen de nuestra confesión. La confesión es un medio de liberarnos de la tensión y esclavitud de una conciencia culpable. Cuando oramos: *Dios, tú eres justo. He pecado contra ti, y soy culpable de este hecho y de este pensamiento*, logramos liberación.

Nuestra comunión con Dios no se restaura por la confesión (porque nunca fue interrumpida); más bien, nuestro *sentido* de comunión con Dios es restaurado. Cuando pecamos, retiramos la comunión de Dios, pero él no retira su comunión de nosotros. El perdón es nuestro para siempre como creyentes. En el momento en que lo recibimos como Salvador, él se convirtió en nuestra vida. Pero nuestra capacidad de gozar del perdón, es decir, de disfrutar de una conciencia limpia, está basada en nuestra disposición de reconocer y confesar ese pecado.

Permítame ilustrarlo. Una noche de regreso a mi hogar, en lugar de ir al garage como de costumbre, estacioné el automóvil al costado de mi casa. Mientras caminaba hacia la puerta trasera, noté que mi Oldsmobile casi nuevo estaba allí con la parte delantera abollada. Mi hija Becky había estado manejando el coche. Yo decidí no decir nada. Cuando entré a la casa, no se dijo nada. Cuando nos sentamos a cenar, nada se dijo. Después de un rato, mi hijo Andy dijo: —Becky, ¿tienes algo que te gustaría decirle a papá?

Yo noté que Becky estaba callada. Ella no había hablado mucho hasta ese momento. Se volvió hacia mí y dijo: —Papá, me duele tener que decirte esto —para ella era una situación difícil—. Quiero contarte lo que pasó. Un joven detuvo su automóvil de repente delante de mí, lo choqué y abollé tu coche —y comenzó a llorar.

Yo no dije palabra alguna hasta que ella terminó de hablar. Entonces le dije: —Becky, no te preocupes por lo ocurrido.

—¿Quieres decir que no estás enojado?

—¿Por qué habría de estar enojado? Tú no te has hecho daño. El automóvil se puede arreglar. Aun cuando hubiera sido culpa tuya, Becky, no quiero que te preocupes.

Becky es mi hija. Si ella hubiera destruido el coche totalmente y no hubiéramos tenido seguro, de igual manera la hubiera perdonado. Ella es mi hija, y como tal, camina en perdón total conmigo, no importa lo que haga. Aun así, Becky tenía que «alivianar» su conciencia esa noche. Tenía que sacarse ese peso de encima y contármelo, o hubiera pasado una noche terrible tratando de dormir. Y además tenía que perdonarse a sí misma.

¿No es esto lo que sucede con nosotros y Dios?

El perdón nunca está completo hasta que, primero, hayamos experimentado el perdón de Dios; segundo, que podamos perdonar a otros que nos han ofendido; y tercero, que podamos perdonarnos a nosotros mismos.

A menudo la gente dice: «Sé que Dios me ha perdonado. Y estoy seguro de que he perdonado a los que me han herido. Pero todavía no tengo paz en mi corazón. Algo no está del todo bien». A veces este desasosiego puede ser un espíritu que no perdona dirigido hacia nosotros mismos. Este espíritu que no perdona no está dirigido hacia Dios por lo que él ha hecho, tampoco está dirigido hacia otros por lo que ellos han hecho. No habrá paz en nuestro corazón hasta que no nos perdonemos a nosotros mismos por las cosas malas que hemos hecho. *Pero tenemos que estar dispuestos a perdonarnos a nosotros mismos.*

No hace mucho tiempo, una joven, a quien llamaré Sara, vino a verme. Solo tenía dieciséis años, pero a los trece años había tenido relaciones sexuales con un joven de dieciocho. Esto había continuado por dos años hasta que él se mudó para otro estado. Ella se llamaba a sí misma «sucia y culpable». Perturbada por la ausencia del joven, agobiada por su sentido de culpa y renuente a hablar con sus padres, buscó consejería privada, solo para involucrarse emocionalmente con el consejero de treinta años de edad, quien se suponía que debía ayudarla.

Para cuando Sara vino a verme, estaba confundida y desesperada. Había pensado en fugarse de la casa y había abrigado la idea del suicidio. No sabía qué hacer ni a dónde ir. Ella dijo: —Sé que soy salva, pero estoy tan llena de culpa que no sé qué hacer. Y si, de alguna manera, no recibo respuesta, sé que no puedo seguir viviendo.

—¿Le has pedido al Señor Jesucristo que te perdone?

—Le he pedido centenares de veces que me perdone.

—Bueno, ¿lo ha hecho él? —le pregunté.

Ella no respondió a mi pregunta.

—Bueno, ¿te ha perdonado él? —insistí.

—Yo me siento tan sucia.

—Pero, ¿le pediste a él que te perdonara?

—Oh, se lo he pedido tantas veces.

—¿Cómo te respondió él?

—Yo solo me sentía tan sucia por dentro —repitió ella.

Por su testimonio, creo que Sara era salva. Pero lo que hizo era tan pecaminoso, impío y vil a sus ojos que no podía creer que un Dios santo podría perdonarle los dos años de inmoralidad sexual con un hombre y casi otro año más de relaciones íntimas con otro. Sara dijo que no podía «sentir» el perdón de Dios.

La historia de Sara es familiar. Pero el final feliz es que el *ser* perdonado no tiene nada que ver con el *sentirse* perdonado. El ser perdonado tiene que ver con lo que Dios hizo para nosotros.

Si pensamos que el perdonarnos a nosotros mismos es un dilema moderno, considere a Pedro y a Pablo, quienes tuvieron que enfrentar el problema de perdonarse a sí mismos de una forma muy intensa.

Después que Pedro negó haber conocido a Cristo, «vuelto el Señor, miró a Pedro; y Pedro se acordó» (Lucas 22.61). ¿Cuántas veces tuvo Pedro que tratar con eso antes de poder perdonarse a sí mismo? El negó a su Señor en un momento en su vida cuando, si necesitaba un amigo, ése era el momento. Este fue el mismo Pedro que en efecto dijo: «Señor, todos estos podrán negarte, pero cuando todos te hayan negado, tú puedes contar con la roca». Irónicamente, Pedro era aquel en quien él no podía contar. Pedro tenía que aprender a perdonarse a sí mismo por eso.

Consideremos a Pablo antes de su conversión. Veamos su trasfondo, enseñanza y cultura, y su intensidad y compromiso para remover al cristianismo (esa filosofía creciente y «monstruosa») de la faz de la tierra. Lo había consumido la tarea de erradicar de la mente de la gente cualquier recuerdo de Jesús, y había hecho todo lo posible para destruir la iglesia del Señor. A pesar de que los conceptos más claros sobre el perdón se encuentran en los escritos del apóstol Pablo, no hay duda que él también luchó para perdonarse a sí mismo.

Muchos de nosotros nos encontramos (o nos hemos encontrado) en ese lugar en nuestra vida. Luchamos con perdonarnos a nosotros mismos de cosas que hicimos en el pasado, y algunos de esos errores sucedieron muchos, muchos años atrás.

Quizás algunos adultos que dijeron cosas crueles cuando niños o se involucraron en pecado cuando adolescentes, miran atrás y recuerdan vívidamente cómo actuaron.

O tal vez algunas mujeres que se hicieron abortos experimentan sentimientos de profundo remordimiento. Aunque le hayan pedido a Dios y a otras personas que las perdonen, por alguna razón parece que no pueden perdonarse a sí mismas.

Quizás hombres y mujeres que se divorciaron, después se dieron cuenta que estaban equivocados y no se pueden perdonar a sí mismos.

O padres que echaron del hogar a sus hijos, y las vidas de éstos fueron destruidas y arruinadas como resultado, no pueden perdonarse a sí mismos por haber sido la causa de tal devastación.

Con todo, la habilidad o capacidad de perdonarnos a nosotros mismos es absolutamente esencial si es que vamos a experimentar paz.

No ha hecho con nosotros conforme a nuestras iniquidades, Ni nos ha pagado conforme a nuestros pecados. Porque como la altura de los cielos sobre la tierra, Engrandeció su misericordia sobre los que le temen. Cuanto está lejos el oriente del occidente, Hizo alejar de nosotros nuestras rebeliones. Como el padre se compadece de los hijos, Se compadece Jehová de los que le temen. Porque él conoce nuestra condición; Se acuerda de que somos polvo. (Salmo 103.10-14)

Estos versículos, inspirados por el Espíritu Santo, nos aseguran de una forma maravillosa que Dios es un Padre perdonador.

CONSECUENCIAS DE NO PERDONARNOS A NOSOTROS MISMOS

El problema es que muchos de nosotros no podemos perdonarnos a nosotros mismos. Miramos a cualquier cosa que hayamos hecho y pensamos que estamos más allá del perdón. Pero lo que realmente sentimos es desengaño con nosotros mismos, un desengaño que confunde la medida de nuestro pecado con el mérito por nuestro perdón.

El pecado y el perdonarnos a nosotros mismos tienden a asumir proporciones inversas en nuestra mente; o sea, mientras más grande es nuestro pecado, menos perdón a nuestra disposición. De igual manera, mientras menos sea nuestro pecado, más perdón. Por ejemplo, ¿retiraríamos el perdón de nosotros mismos por haber dicho cosas desagradables acerca de un amigo? ¿O por quedarnos con el dinero extra cuando la cajera nos da el cambio equivocado? ¿O por humillar a alguien y pretender que estamos bromeando? ¿O por mentir cuando llegamos tarde a casa? ¿O por hacernos un aborto? ¿O por decirle a un niño estúpido o necio? ¿O por herir o matar a una persona por manejar después de haber bebido alcohol? ¿O por fornicar o cometer adulterio?

Puede que pensemos que no somos capaces de cometer algunos pecados, pero ninguno de nosotros sabe cómo actuaría si nos encontráramos en diferentes circunstancias. Aunque algunos pecados traen mayor condenación o castigo en la vida de los creyentes, el punto de vista de Dios es que el pecado es pecado. Y como el punto de vista de Dios del pecado cubre todos los pecados, así es su punto de vista del perdón. Pero cuando escogemos no perdonarnos a nosotros mismos como Dios lo hace, experimentaremos las consecuencias de un espíritu que no perdona.

CASTIGO DE SÍ MISMO

La primera consecuencia de un espíritu que no perdona es que *nos castigamos continuamente*. ¿Cómo lo hacemos? Repetimos nuestros pecados continuamente. Satanás lo inicia y nosotros tontamente lo seguimos. Repetimos aun los sentimientos de culpa. Y a medida que lo hacemos, nos ponemos en un estado de tortura que nunca fue la intención de Dios para nosotros.

Si por ejemplo, nos levantamos por la mañana bajo un peso de culpa (*Oh, lo que he hecho; estoy tan avergonzado. Dios no puede perdonarme nunca. Si mis amigos se llegan a enterar.*), hemos puesto la carga sobre nosotros, no sobre Dios. No estamos dispuestos a perdonarnos a nosotros mismos, aunque, como creyentes e hijos de Dios ya estamos perdonados. Nos levantamos, trabajamos, nos acostamos y dormimos en una esclavitud impuesta por nosotros mismos, en una prisión que construimos para nosotros mismos.

Espiritualmente nos encarcelamos a pesar de que en la Biblia, Dios dice que perdonó todos nuestros pecados porque Jesús ya pagó el precio. Jesús sufrió en su cuerpo el castigo por *todos* nuestros pecados. Y no existe excepción alguna.

INCERTIDUMBRE

La segunda consecuencia de un espíritu independiente que no perdona es que *vivimos bajo una nube de incertidumbre*. No aceptamos nuestro perdón de Dios; existimos bajo una interrogante. Si no nos perdonamos a nosotros mismos, jamás podemos confiar que Dios nos ha perdonado, y cargamos el peso de esta culpa. No estamos seguros de nuestra posición con Dios. No estamos seguros de lo próximo que él puede hacer, porque si no somos dignos de sus bendiciones...

A veces, esta nube de incertidumbre es densa y oscura. Otras veces no es tan oscura, pero debido a que nuestra comprensión y aceptación del perdón de Dios están limitadas por nuestra propia incertidumbre, no estamos del todo seguros cómo Dios trata nuestras transgresiones. Y así pasamos por alto la paz que sobrepasa todo entendimiento, y somos desdichados.

Si rehusamos perdonarnos a nosotros mismos, a pesar de que Dios *no* ha tratado con nosotros conforme a nuestros pecados, continuamos viviendo bajo esa nube de incertidumbre.

SENTIDO DE INDIGNIDAD

La tercera consecuencia de un espíritu que no perdona es que *desarrollamos un sentido de indignidad*. Porque somos culpables, también nos sentimos indignos.

Cuando no bregamos con nuestros pecados como debemos, nos sumergimos en un sentimiento de culpa. A Satanás le encanta que nos sintamos culpables. Tal vez él introduzca estas ideas en nuestros pensamientos: *¿Por qué debe Dios responder a mis oraciones? El no va a escuchar lo que digo. Mira lo que he hecho.* Satanás aprieta el botón, y nosotros repetimos el pecado pasado. Satanás continúa haciéndonos repetir en nuestra mente lo que Dios dice que ha olvidado, y nosotros, irresponsablemente, caemos en la trampa. Y cada vez que repetimos el pecado pasado por no perdonarnos a nosotros mismos, nuestra fe sufre una derrota y nos sentimos indignos. Este sentido de indignidad afecta nuestra vida de oración, nuestra relación íntima con Dios, y nuestro servicio para él.

Hasta cierto grado, paralizamos nuestro servicio eficaz para Dios cuando permitimos que nuestra culpa nos debilite, y sin éxito, intentamos pagar por nuestro pecado cuando Jesús ya pagó la deuda por *todos* nuestros pecados hace dos mil años.

COMPORTAMIENTO COMPULSIVO

La cuarta consecuencia de un espíritu que no perdona es que *intentamos superar nuestra culpabilidad por medio de un comportamiento compulsivo en nuestra vida.* Nos entregamos a las drogas, al alcohol, a las aventuras sexuales, al materialismo.

Siempre que dedicamos gran cantidad de energía para distraer nuestra atención del verdadero problema (nuestra indisposición de perdonarnos a nosotros mismos), tratamos de escapar de los constantes recordatorios de nuestra culpa. Algunos de nosotros invertimos gran cantidad de energía en el trabajo, trabajamos arduamente, más rápidamente, por más tiempo. Pero no importa con cuanta furia trabajemos, nuestra culpa no puede disminuir por nuestra marcha acelerada. A veces tomamos dos, tres o cuatro trabajos en la iglesia para probar nuestra dedicación. Enseñamos en la escuela dominical, cantamos en el coro y visitamos a los que están confinados a la casa o internados en un hospital. ¡Qué siervos de Dios! Y terminamos con un colapso nervioso.

El comportamiento compulsivo de esta clase es como decir: «Dios, quiero darte gracias por la muerte de Jesús en la cruz, pero no fue suficiente». Así que, porque no aceptamos el perdón de Dios, redoblamos nuestros esfuerzos. (¿Pensamos realmente que Dios no fue capaz de hacerlo solo, que necesita *nuestra* ayuda?) Y comenzamos así un ciclo de derrota espiritual.

La única respuesta verdadera a nuestro dilema es aceptar el perdón de Dios y perdonarnos a nosotros mismos. Podemos pensar: *No puedo perdonarme a mí mismo por lo que he hecho.* Pero Dios nos refuta ese tipo de pensamiento. Cuando Jesús llevó nuestros pecados sobre sí mismo, fue como si dijera: «Yo he venido para darte libertad. He venido a liberar a los cautivos». Si no nos perdonamos a nosotros mismos por ser indignos, pasamos por alto la muerte de Jesús en la cruz.

FALSA HUMILDAD

La quinta consecuencia de un espíritu que no perdona es que *desarrollamos un sentido falso de humildad cuando nos sentimos juzgados con un veredicto de culpables, y sentenciados por Dios.* Llevamos una fachada de humildad cuando nos declaramos tan indignos de servir a Dios. Y nuestro «rostro humilde» sirve como máscara para no dejar ver nuestro verdadero rostro.

¿Le suena familiar? Puede que nos feliciten: «¡Eso fue maravilloso!» Pero entonces respondemos: «Yo no merezco sus felicitaciones. Solo dé al Señor toda la alabanza y la gloria». A veces, ésa es una respuesta sincera, pero otras veces ésa es una respuesta motivada por un complejo de culpabilidad. Cuando alimentamos un sentido falso de humildad, es muy difícil aceptar una felicitación.

En realidad, ninguno de nosotros (yo también estoy incluido) merece alabanza. Somos dignos solamente por la verdad de Dios de que «somos hechura suya, creados en Cristo Jesús para buenas obras» (Efesios 2.10). Es sorprendente cómo un espíritu que no perdona distorsiona nuestro punto de vista y pervierte nuestro pensamiento. Nos hace alimentar y nutrir, aun codiciar, nuestros errores pasados para así sumergirnos en la falsa humildad. Ponemos nuestro enfoque en nosotros mismos, en nuestra indignidad y en nuestra humildad.

Los creyentes necesitan mirar atrás solo para agradecerle a Dios por su gracia. Deben mirar al presente por lo que Dios está haciendo, y al futuro por lo que Dios continuará haciendo.

NOS PRIVAMOS DE ALGUNAS COSAS

La sexta consecuencia de un espíritu que no perdona es que *nos privamos a nosotros mismos de cosas que Dios quiere que disfrutemos.* La autoprivación es lo opuesto al comportamiento compulsivo que comete excesos. Decimos cosas como: «Oh, yo no podría comprarme eso. No podría ir a ese lugar ni participar en esa actividad».

La autoprivación es como un ácido que corroe la verdad del sacrificio de Jesús. No logramos un estado de perdón absteniéndonos arbitrariamente de cosas buenas en nuestra vida. Dios no nos pide que nos privemos de algo para «merecer» el perdón. La autoprivación es elección propia, no elección de Dios. ¿Presumimos saber algo sobre nuestro pecado que Dios no conoce? ¿Nos atrevemos a pensar que tenemos alguna nueva información acerca del pecado y del perdón que Dios no tiene? Por supuesto que no. Si nuestro soberano, santo y justo Dios ha visto bien en su omnisciencia declararnos inocentes y perdonar nuestro pecado, no tenemos base para la autoprivación.

Negarnos a nosotros mismos el perdón y ponernos bajo un castigo interminable es sentenciarnos al infierno en la tierra. Satanás es un maestro en engaño, y es Satanás el que nos hace pensar que tenemos que sufrir hasta que Dios diga: «Bien, ya es suficiente». ¿A qué altura pensamos que seremos libres? ¿Cuando hayamos sufrido lo suficiente? Es aparente que este tipo de pensamiento es absurdo, sin embargo, muchos creyentes se comportan como si el perdón de Dios actuara de esa manera.

Un espíritu no perdonador es realmente *incredulidad*. No estamos ejercitando fe en Dios si no nos perdonamos a nosotros mismos *cuando Cristo ha pagado el castigo*. ¿Por qué pagaría él si todavía nosotros tenemos que pagar? Cristo pagó el castigo para que nosotros fuéramos perdonados, pero eso no quiere decir que nuestro perdón elimina todo problema. Los resultados del pecado quedan, y aun, si nos perdonamos a nosotros mismos, todavía tenemos que resolver las consecuencias de nuestro pecado.

Satanás puede tratar de impedir que entendamos el perdón insinuando motivaciones falsas. *Yo sé que tú estás tratando de creer eso. Solo estás tratando de liberarte de cualquier obligación o castigo*. Pero no tenemos que permitirle a Satanás tergiversar la verdad en nuestro pensamiento. Necesitamos rechazar su influencia recordando que, en verdad, no hubo nada «libre» acerca de la cruz. El precio más alto fue exigido y pagado.

Hablar sobre la gracia no es suficiente; tenemos que *vivir* por gracia. Si pensamos que podemos ser perdonados dependiendo en algo que no sea la sangre de nuestro Señor, nuestra teología es errónea.

¿POR QUÉ NO NOS PODEMOS PERDONAR A NOSOTROS MISMOS?

Ahora que conocemos las consecuencias negativas de no perdonarnos a nosotros mismos, ¿qué nos interrumpe el camino? ¿Qué obstaculiza nuestra aceptación del perdón de Dios a nuestro favor? Nuestra resistencia puede radicar en una de cuatro esferas de problemas generales: (1) creencia en el perdón basado en nuestras obras; (2) estar desengañados con nosotros mismos; (3) amoldarnos y rendirnos al sentido de culpa; y (4) esperar repetir el pecado.

CREENCIA EN EL PERDÓN BASADO EN NUESTRAS OBRAS

El perdón basado en nuestras obras no es el perdón bíblico. Nosotros no podemos «pagar» por el perdón ilimitado de Dios trabajando más arduamente o sirviendo con más fervor. La Biblia dice que Dios nos acepta en base a lo que él hizo, no en base a lo que nosotros tratamos de hacer. Pero tendemos a racionalizar: *Tengo que estar a la altura de los demás.* Aun desde que éramos niños, hemos aprendido que cualquier cosa que logremos o recibamos es el resultado de nuestras acciones.

—Mamá, ¿puedo comer una galletita dulce?

—Si te portas bien.

Desempeño. Nuestra vida completa está basada en el desempeño. *Si limpio mi cuarto, mamá me deja hacer esto. Si saco la basura, papá me deja hacer aquello. Si salgo bien en la prueba de aptitud, puedo pertenecer al equipo.*

Entonces, cuando venimos a la gracia de Dios y a las enseñanzas de la Biblia, ¿qué sucede? No se requiere ningún desempeño. *Espere,* podemos pensar. *Eso no está bien.* Pero está bien; el perdón de Dios cae en una categoría única.

Como creyentes, somos hijos perdonados de Dios, no importa lo que hagamos. Esto *no* significa, sin embargo, que podemos hacer todo lo que queramos y seguir contentos nuestro camino. Quiere decir que como creyentes ya nuestros pecados han sido perdonados (pasados, presentes y futuros), los confesemos o no. No tenemos que continuar pidiendo perdón y seguir obrando para pagarlo.

Nuestro problema no es no ser perdonados; es *sentirnos* no perdonados. Estamos separados de Dios por el pecado, no por la falta de perdón. Los creyentes están siempre perdonados. La gracia es un don inmerecido, no negociable de Dios que recibimos y que ha sido pagado de antemano. No se puede comprar, y se ofrece gratuitamente a todo el que lo reciba. Así es la gracia de Dios.

Desengañados con nosotros mismos

A veces tenemos dificultad para aceptar la verdad en cuanto a nosotros mismos. Recuerdo una experiencia personal de cuando Dios hizo una obra maravillosa en mi vida. El Señor me estaba bendiciendo, y yo seguía hacia adelante. Luego actué en una forma muy decepcionante. Sabía cómo debía haber procedido, pero cometí un error tremendo. El Señor me había levantado, y caí sobre mi rostro. Todavía recuerdo los sentimientos de vergüenza y depresión.

Luché con el perdón de Dios por corto tiempo antes de poder aceptarlo. Por lo menos pensé que lo había aceptado. Porque yo me había desilusionado a mí mismo, me fue difícil perdonarme por no vivir a la altura de mis esperanzas.

Es importante que nos demos cuenta de que nos desilusionamos a nosotros mismos; no desilusionamos a Dios. ¿Cómo podemos desilusionar a Alguien que sabe lo que vamos a hacer? La desilusión es el resultado de esperanzas insatisfechas, y Dios no espera nada de nosotros. Dios sabe lo que vamos a hacer. Así es la gracia de Dios.

Amoldarnos y rendirnos al sentido de culpa

Emocionalmente podemos vivir por tanto tiempo bajo la culpabilidad y autocondenación que la idea de ser libres es una amenaza. Nos sentimos cómodos con lo que sabemos, y lo que sabemos es sentirnos culpables. Nos amoldamos a nuestros sentimientos de culpabilidad y renunciamos a la paz que podríamos gozar si nos hubiéramos perdonado.

Yo he aconsejado a algunas personas y claramente les he bosquejado lo que dice la Biblia acerca de su problema. Después de asentir, estas mismas personas pueden terminar orando la misma oración que han pronunciado siempre, y cuando terminan de orar, no han resuelto el asunto.

Si deseamos ser liberados de la culpabilidad, tenemos que cambiar nuestra manera de pensar. Necesitamos una limpieza completa de nuestro proceso de pensar. No debemos pensar más: *Yo sé lo que la Biblia dice acerca del perdón, pero...* Cada vez que incluimos un *pero*, ponemos una reja más en nuestra prisión de culpabilidad. Necesitamos quitar las rejas; necesitamos destruir la prisión. No tenemos que estar allí. Pero tenemos que desear salir de ella.

ESPERAR REPETIR EL PECADO

Sé que Dios podría perdonarme. Y sé que él me ha perdonado. Creo que la razón de no perdonarme a mí mismo es que sé que voy a repetir ese pecado. Estos son los pensamientos que nos causan tantos problemas.

¿Cuántos pecados cometimos antes de la cruz? Ni siquiera existíamos hace dos mil años. Todos *nuestros* pecados por los que Cristo murió estaban en el futuro, incluyendo pecados que cometemos una y otra vez. El perdón de Dios es de carácter inclusivo, no importa la naturaleza de los pecados o la frecuencia de nuestra indulgencia.

Esto *no* quiere decir que escapamos las consecuencias de nuestros pecados simplemente porque estamos perdonados. Significa que estamos asegurados para siempre del perdón, que no necesitamos detener el perdón de nosotros mismos porque puede que pequemos otra vez. Dios nos perdona cada vez por cada pecado, y así tenemos que hacerlo nosotros.

¿CÓMO PODEMOS PERDONARNOS A NOSOTROS MISMOS?

¿Cómo nos perdonamos a nosotros mismos? No importa cuánto tiempo hemos estado en esclavitud, podemos ser libres si seguimos cuatro pasos bíblicos.

PASO 1. RECONOZCA EL PROBLEMA

Tenemos que reconocer y admitir que no nos hemos perdonado a nosotros mismos. Tenemos que admitir que todavía nos mantenemos en esclavitud. *Padre, me doy cuenta de que no me he perdonado a mí mismo y por eso estoy en esclavitud.*

PASO 2. ARREPIÉNTASE DE SU PECADO

Tenemos que arrepentirnos de ese pecado por el cual no podemos perdonarnos a nosotros mismos. Tenemos que decirle a Dios que nos damos cuenta de que nuestra falta de deseo de perdonarnos a nosotros mismos no está de acuerdo con su Palabra. Y tenemos que darle gracias por su perdón mientras le confesamos nuestro pecado. *Te doy gracias, Padre, que me perdonas por haberme mantenido en esclavitud, por haberme mantenido separado de ti, y por haber limitado que tú me uses en tu reino.*

PASO 3. REAFIRME SU CONFIANZA

Tenemos que reafirmar nuestra confianza en el testimonio de la Escritura: «Cuanto está lejos el oriente del occidente, hizo alejar de nosotros nuestras rebeliones» (Salmo 103.12). *Padre, reafirmo mi confianza y mi fe en la Palabra de Dios.*

PASO 4. CONFIESE SU LIBERTAD Y DECIDA RECIBIRLA

Tenemos que confesar nuestra libertad y decidir recibirla gratuitamente. *Señor Jesús, en base a tu Palabra, por un acto de mi voluntad, en fe, aquí y ahora me perdono a mí mismo porque tú ya me has perdonado, y acepto mi perdón y decido desde este momento ser liberado de todo lo que he tenido en contra de mí mismo. Por favor, confirma mi libertad por el poder y la presencia de tu Espíritu Santo.*

Si seguimos estos simples pasos, no solamente seremos liberados, sino también se iniciará el proceso de sanidad.

Cuando decidimos, por un acto de la voluntad, aceptar lo que Dios ha dicho como verdad, aceptamos que Dios nos acepta, y podemos decirle a él que hemos repetido esa película acusadora por última vez. Cuando Satanás trate de apretar el botón otra vez, hallará que la comunicación ha sido cortada por Jesús. Somos libres.

Preguntas para crecimiento personal

1. Nombre seis consecuencias de un espíritu que no perdona y explíquelas.

2. ¿Qué cuatro esferas de problemas generalmente obstaculizan la aceptación del perdón de Dios?

   ¿Por qué no es necesario ponerse a la altura de lo que exige el perdón de Dios?

3. Nombre cuatro pasos bíblicos para el perdón.

4. ¿Entiende el significado de la muerte de Jesús en la cruz?

   Escriba lo que entiende sobre la muerte de Jesús en la cruz y su relación a sus pecados pasados, presentes y futuros.

Confesaos vuestras ofensas unos a otros, y orad unos por otros, para que seáis sanados.

SANTIAGO 5.16

CAPÍTULO DIEZ

LA AMARGURA

Muchas veces, la amargura está ligada a nuestra incapacidad de perdonar y ser perdonados. Es un factor corrosivo y culpable que nos priva de paz y destruye nuestras relaciones. La Biblia nos advierte sobre nuestra raíz de amargura:

Mirad bien, no sea que alguno deje de alcanzar la gracia de Dios; que brotando alguna raíz de amargura, os estorbe, y por ella muchos sean contaminados. (Hebreos 12.15)

La palabra griega para amargura (*pikría*) viene de la raíz etimológica *pik*, que quiere decir «cortar» y, por lo tanto, «cortante» o «afilado». Se refiere a lo que es cortante y afilado. También implica «sabor amargo». Hebreos 12.15 se refiere metafóricamente al fruto amargo producido por la raíz de amargura.

Llevo más de tres décadas ejerciendo el ministerio de asesoramiento. En este tiempo, he ayudado a muchísimas personas abrumadas a descubrir raíces de amargura que han estado nutriendo por semanas, meses y hasta años. Podemos estar amargados y esconderlo del resto del mundo y disfrazarlo con otras actitudes. Expresamos amargura en nuestra vida de muchas maneras: ira, pasión, difamación, malicia. Pero no podemos esconder nuestra amargura de Dios, o aun de nuestros propios cuerpos.

La amargura *nunca* es constructiva; *siempre* es destructiva. No importa lo que la gente nos haya hecho, cuántas veces lo hizo o cuán malo fue. La amargura como respuesta al mal nunca es aceptable ante Dios. Nada bueno viene de la amargura.

«*Mirad bien*». Esto es, sé diligente. La palabra *mira*, como se usa en el versículo 15 se deriva de la misma combinación de la raíz griega *epi* («sobre») y *skopeo* («mirar a», «contemplar») que nos da la palabra *vigilar*. Como creyentes, se nos ha dado una responsabilidad que tenemos que cumplir.

«*No sea que alguno deje de alcanzar la gracia de Dios*». Tenemos que cuidarnos los unos a los otros y mirar que vivamos en gracia. Tenemos que responder *en* gracia *a* gracia. No podemos permitirnos volver a nuestro antiguo estilo de vida. Como creyentes, ya no podemos responder a heridas, abusos, engaños, críticas, mentiras y rechazo en ninguna forma que no sea perdonando, que es como responde el Señor.

«*Que brotando alguna raíz de amargura*». El día que recibimos a Jesús como nuestro Salvador, renunciamos a todos los derechos de estar amargados. Tenemos que quitar toda amargura y guardarnos de que no eche raíces en nuestra vida, no importa lo que suceda, o con cuánto desprecio nos traten.

Tendemos a pensar, sin embargo, que las circunstancias individuales y personales son una excepción. Una campaña difamante y deliberada contra nosotros, por ejemplo. O un esposo que deja a su esposa de cuarenta y tres años y toma una de veintiún años. O una esposa que traiciona a su esposo por andar coqueteando en una relación de fin de semana. O hijos que rechazan los valores de sus padres y practican la degeneración después de haber crecido en un hogar cristiano. O mujeres que no reciben la recompensa que merecen en sus trabajos, u hombres que son discriminados por razones del color de su piel. O empleados que son despedidos para dar lugar a las amistades del jefe y a miembros de la familia. O personas retiradas que son afectadas por severa incapacidad después de haber esperado años para gozar del fruto de su labor.

La amargura puede «justificarse» tan fácilmente. *Bueno, tengo derecho a estar amargado. El sabía que yo quería ese negocio, y cuando estaba al punto de cerrarlo, mintió en cuanto a mi persona. Eso me costó bastante, y no voy a sonreír y decir que está bien. El me hirió, y no se va a salir con las suyas.* Pero tenemos que tener cuidado de no dejar que la amargura se arraigue en nuestra vida. Al igual que la raíz de una planta, la raíz de amargura tiene finos tentáculos que se extienden buscando la «humedad» para crecer. La raíz de amargura necesita información para crecer, pequeñas pruebas de su derecho a la existencia. Se alimenta de nuestras nociones erróneas de que tenemos «derecho» a sentirnos amargados. Pero la verdad es que los creyentes no tenemos derecho a responder con amargura.

Recientemente leí un éxito de librería que era la autobiografía de un próspero hombre de negocios. En el comienzo del libro, el autor relató un evento trágico, y contando la historia, dijo que nunca perdonaría a la persona que le había hecho mal. Mientras continué leyendo, sin embargo, una nube pendía sobre todas las cosas emocionantes que logró este hombre. *Por eso jamás lo perdonaré.* Lo que esa persona hizo fue tan malo, que el autor sería el esclavo emocional de aquella persona por el resto de su vida. A pesar de los bienes, fama o popularidad, si permitimos que la amargura eche raíces, cedemos el control de nuestra vida. No podemos vivir con amargura, porque la amargura nos carcomerá hasta destruirnos.

LOS EFECTOS DE LA AMARGURA

«*Os estorbe, y por ella muchos sean contaminados*». Puede ser que no estemos conscientes de que estamos alimentando sentimientos de amargura, pero los efectos de la amargura son sutiles y muy variados.

ENFERMEDADES FÍSICAS

Tengo un amigo que es un pastor de iglesia que ama mucho a Dios. Su esposa tenía cáncer, y buscaron la mejor ayuda médica posible. Los llamaré Luis y Margarita. Un doctor que había estado estudiando la relación entre el cáncer y las emociones negativas, comenzó a tratar a Margarita. El iba a verla todos los días, y cada día trataba de hacerla hablar sobre su pasado. Esto sucedía semana tras semana. El trató lo más que pudo de que Margarita se desahogara llorando, pero ella no lloraba. No podía llorar. Por alguna razón, no tenía nada por qué llorar.

Pero el doctor continuó sus charlas con Margarita, y un día, en medio de una conversación, ella comenzó a llorar. Mientras las lágrimas le corrían por el rostro, ella confesó la amargura que sentía hacia sus padres por algo que había pasado años atrás. Cuando Margarita sacó todo esto a relucir, quedó libre y perdonada. Hoy, completamente sana, Margarita ministra junto a su esposo. Es la opinión del doctor que ella no se hubiera recuperado si no se hubiera liberado de la amargura.

Aunque no podemos ver lo que ocurre dentro de una persona, hay otros resultados que son visibles. La amargura es como una máquina que funciona continuamente y que usa a nuestro cuerpo como fuente de energía. Funciona cuando estamos durmiendo, funciona cuando estamos hablando con nuestros amigos, y funciona cuando estamos sentados quietamente. Porque la amargura es un estilo de vida y no un caso aislado, nunca se detiene. Continúa operando y consumiendo energías.

Es imposible estar amargado por mucho tiempo sin que se afecte nuestro cuerpo. Más y más. profesionales médicos están comenzando a ver alguna relación entre el funcionamiento de nuestro cuerpo y la manera cómo pensamos. La amargura, ira y otras emociones negativas se han asociado con problemas glandulares, alta presión, desórdenes cardíacos, úlceras y muchas otras enfermedades.

RELACIONES MANCHADAS, CONTAMINADAS

La amargura le causa problemas a una persona y contamina a otras. En Hebreos 12.15, el uso de la palabra griega contaminación (*miaino*) quiere decir «manchar» o «teñir». La amargura que abrigamos manchará nuestras relaciones. Esta es una razón por la cual hay tantas separaciones, divorcios y hogares destruidos.

Laura y Juan eran jóvenes cuando se casaron. Ambos desconocían que Juan fue al matrimonio con raíces de amargura. Laura trató de amarlo, pero a pesar de todos sus intentos, no podía llegar a él. No podía cruzar la endurecida pared emocional que la separaba de Juan. Había estado allí por años, desde que él tenía doce años cuando su madre murió. A través de su crecimiento, Juan había ocultado su amargura. Había triunfado en mantenerla oculta hasta después de su matrimonio. Después de un tiempo, Laura se encontró frente a un esposo a quien amaba mucho, pero con quien no podía comunicarse. Juan no podía quitar las barreras y ser él mismo.

Laura y Juan trataron de descubrir el problema. ¿Por qué se sentía él así? ¿Por qué no podía corresponder al amor de Laura? El mismo Juan no sabía por qué era incapaz de amar. *¿Dónde comenzó todo? ¿Por qué* *no puedo amar? ¿Por qué tengo estos sentimientos? ¿Por qué no puedo ser yo mismo? ¿Por qué no puedo descansar? ¿Por qué tengo esta tensión? ¿Por qué soy tan criticón? ¿Por qué soy negativo? ¿Qué está sucediendo en mi vida?* Juan era incapaz de descorrer las cortinas mentales y descubrir el origen de su problema que era la amargura. El estaba enojado con su madre, y su amargura hacia ella empañaba su matrimonio.

La mayoría de las veces la causa de tales problemas se halla en un espíritu no perdonador que ha echado raíces amargas. Como en el caso de Juan, quien no podía perdonar a su madre por morir y dejarlo.

La amargura nos puede paralizar. Aun cuando genuinamente queremos amar a otra persona, no lo podemos hacer. No es que no queramos, simplemente no podemos. Los padres se preguntan por qué no pueden amar a sus hijos. Los hijos se preguntan por qué no pueden amar a sus padres. Esposos y esposas se preguntan por qué no pueden amar a sus cónyuges, por qué no pueden derribar la pared que los separa. Pero en lo profundo de su ser, pueden hallarse infestados por raíces de amargura y resentimiento, aun de odio reprimido.

Permítame relatar otro ejemplo. Eduardo y Nancy tuvieron un magnífico matrimonio, y emocionados hicieron planes para su familia. Tendrían un niño y una niña, tal como Nancy había soñado por años. Cuando Nancy concibió, estaban gozosos, y cuando dio a luz a su primer niño, estaban emocionados. Año y medio después, ella volvió a concebir. Pero esta vez tuvo complicaciones, y el doctor les dijo que éste sería su último hijo. No se preocuparon porque ya tenían un hijo, Miguel, y ahora tendrían una hija. Su familia estaría completa. Excepto que no tuvieron una hija, tuvieron otro niño, Jaime.

Al principio, Nancy estaba desanimada, pero pronto se le pasaría. Eso fue lo que pensó ella. Miguel y Jaime eran dos encantos. Al crecer los dos niños, sin embargo, comenzó a surgir una leve diferencia. Parecía que Miguel no podía hacer nada malo, pero Jaime siempre estaba causando problemas. Nancy se molestaba con Jaime y lo criticaba no importaba lo que hiciera. Eduardo viajaba mucho en su trabajo como vendedor, y por un tiempo no notó nada raro en el trato de Nancy con los niños. Cuando ella le gritaba a Jaime, Eduardo pensaba que era porque estaba cansada de correr todo el día detrás de los niños. Cuando los niños tenían seis y cuatro años respectivamente, Eduardo pasó sus vacaciones en la casa en vez de llevar a la familia a los lugares acostumbrados. Un día, mientras cortaba el césped, se dio cuenta de que Nancy adoraba a Miguel pero difícilmente soportaba a Jaime. Eduardo le sugirió a Nancy que me viniera a ver para que la ayudara, y ella estuvo de acuerdo.

Durante la entrevista, Nancy confesó que odiaba a Jaime porque le había robado la niñita que ella siempre quería. Ella no podía perdonar a Jaime. Más aun, Nancy sintió que Eduardo no podía amarla si rehusaba entender que Jaime había arruinado su vida. Nancy se asió de su espíritu no perdonador, y la raíz de amargura asumió control sobre su vida. Se divorció de Eduardo, y él ganó la custodia de los dos niños. Nancy ni siquiera quería a su hijo Miguel cerca, pensaba que él también, algún día se volvería contra ella. Nancy creía tener muchas razones para estar amargada. En realidad, su espíritu que no perdonaba alimentó su amargura de tal forma, que las raíces habían crecido tanto que mancharon la vida de su esposo y de sus hijos.

La amargura tiene muchos retoñitos. la desconfianza es uno de ellos. La inseguridad es otro. Cuando la Biblia dice: «Mirad bien... que brotando alguna raíz de amargura», es porque las consecuencias son horribles y continuas.

PIEDRAS DE TROPIEZO ESPIRITUALES

La amargura crea un manto de culpabilidad. Sabemos que no debemos sentirnos como nos sentimos hacia otros, y sabemos que Dios no desea que estemos llenos de resentimiento. Y nuestro razonamiento es, si Dios no se agrada de nosotros, ¿cómo puede aceptarnos? Sentimos que una barrera nos separa de Dios y comenzamos a dudar de nuestra salvación. ¿Cómo vamos a sentirnos seguros en nuestra salvación cuando este torbellino, esta guerra interna no da un instante de tregua?

La amargura también obstaculiza nuestra influencia en favor de la causa de Cristo. ¿Qué clase de testimonio cristiano podemos tener si estamos amargados contra Dios y contra nuestro prójimo? ¿Cómo podemos convencer a otros acerca del perdón de Dios cuando rehusamos perdonar a los que nos han hecho mal? Cuando dejamos que la amargura se aferre de nuestra vida, esa amargura se derramará en la vida de los que nos rodean.

Como dije anteriormente, no hace mucho tiempo me reuní con mis dos hijos, Andy y Becky, y les pregunté si sentían resentimientos hacia mí por algo que yo hice. Como ambos tenían más de veinte años, se sintieron libres para hablar con toda franqueza.

Andy fue el primero en responder. Recordó que cuando tenía trece o catorce años, estaba practicando una parte de una canción en el piano. Una y otra vez repetía la misma melodía. Yo le pregunté si eso era todo lo que sabía tocar. Andy recordó que a sus oídos adolescentes, mis palabras le sonaron así: «No me gusta tu música». Esa impresión dañina fue la causa de que él no tocara enfrente de mí, aun siendo un músico de talento.

Becky también recordó. «Cuando yo tenía cinco años, vivíamos en Miami. Un día me mandaste a mi cuarto y no me dejaste salir. Yo lloraba y lloraba, pero tú no me dejabas salir».

Les pedí perdón por ambas situaciones, como también en varias otras. Yo había olvidado muy rápidamente lo dicho y hecho en ambas ocasiones, pero Andy y Becky no lo habían olvidado. Yo había vivido por años sin saber que los había ofendido.

¿Cuántos de nosotros entretenemos esas pequeñas cosas que causan que nos sintamos rechazados? ¿Cuántos somos adultos enojados porque no nos sentimos amados? Al pensar en los que nos han herido u ofendido, necesitamos tratar con esos sentimientos. Algunas cosas pueden haber sido dichas o hechas hace tiempo, tanto tiempo que pensamos que ya no sentimos su aguijón, pero nuestros pensamientos están afectados. Un espíritu que no perdona es una emoción devastadora que ninguno de nosotros debe albergar.

En la vida del rey Saúl se describe muy vívidamente la devastación de la amargura. Saúl empezó a reinar como un gobernante respetado y favorecido, pero terminó en derrota, tristeza y suicidio. La devastación de un espíritu amargado hacia David y hacia Dios tuvo mucho que ver en su muerte.

En 1 Samuel 18.1-7, se describe cuando se planta la semilla de amargura en Saúl hacia David. David había regresado de matar a Goliat, y las mujeres tocaban panderos e instrumentos de música. Danzaban y cantaban: «Saúl hirió a sus miles, y David a sus diez miles» (v. 7). Este cántico desagradó a Saúl. El «se enojó en gran manera, y le desagradó este dicho» (v. 8). La fama de David enojó a Saúl. «Y desde aquel día no miró con buenos ojos a David» (v. 9). Así es como opera la amargura. Nos enojamos por algún incidente. David había salvado la reputación de Saúl luchando con Goliat y derrotándolo para gloria de Dios. Pero en vez de estar agradecido a David, Saúl se enojó, desconfió, y luego tuvo miedo.

Aconteció al otro día, que un espíritu malo de parte de Dios tomó a Saúl, y él desvariaba en medio de la casa. David tocaba con su mano como los otros días; y tenía Saúl la lanza en la mano. Y arrojó Saúl la lanza, diciendo: Enclavaré a David a la pared. Pero David lo evadió dos veces. Mas Saúl estaba temeroso de David, por cuanto Jehová estaba con él, y se había apartado de Saúl. (1 Samuel 18.10-12)

Saúl temía que David le quitara el trono, aunque David no había hecho nada para destronarlo. «Por lo cual Saúl lo alejó de sí, y le hizo jefe de mil; y salía y entraba delante del pueblo» (v. 13). Y Saúl se separó de David. La amargura pone una cuña dura aun entre los mejores amigos.

Entonces dijo Saúl a David: He aquí, yo te daré Merab mi hija mayor por mujer, con tal que me seas hombre valiente, y pelees las batallas de Jehová. Mas Saúl decía: No será mi mano contra él, sino que será contra él la mano de los filisteos. (1 Samuel 18.17)

Finalmente, la amargura se convierte en maquinaciones. Nosotros, como Saúl, empezamos a manipular eventos para hacerle mal. a la otra persona. Llegamos al punto de querer vengarnos, y esperamos la oportunidad apropiada. He oído de hombres y mujeres que se han divorciado de su cónyuge hace años y todavía planean vengarse. Aún esperan que ciertas circunstancias destruyan a sus ex cónyuges de alguna manera.

Una vez fui a pescar con un hombre que tenía una posición de responsabilidad en su corporación. Me dijo que quería ser presidente y que lo lograría aunque tuviera que pisotear al presidente actual. Y eso fue lo que hizo. Destruyó al otro hombre y logró ser presidente. Pero al cabo de dieciocho meses, se había destruido a sí mismo.

Cuando la amargura viene a ser nuestro amo, actuamos necia e irracionalmente. Saúl aun trató de tirar su lanza y traspasar el corazón de su hijo Jonatán cuando éste le preguntó en cuanto a sus planes de vengarse de David.

Entonces se encendió la ira de Saúl contra Jonatán, y le dijo: Hijo de la perversa y rebelde, ¿acaso no sé yo que tú has elegido al hijo de Isaí para confusión tuya, y para confusión de la vergüenza de tu madre? Porque todo el tiempo que el hijo de Isaí viviere sobre la tierra, ni tú estarás firme, ni tu reino. Envía pues, ahora, y tráemelo, porque ha de morir.

Y Jonatán respondió a su padre Saúl y le dijo: ¿Por qué morirá? ¿Qué ha hecho? Entonces Saúl le arrojó una lanza para herirlo; de donde entendió Jonatán que su padre estaba resuelto a matar a David. (1 Samuel 20.30-33)

Cuando los padres están amargados y airados, a veces les tiran lanzas verbales a sus hijos que les destrozan la autoestima, a la vez que los hacen sentirse incompetentes e inaceptados. Cuando los padres están embargados de actitudes amargadas, pueden querer destruir a sus hijos, al igual que Saúl, quien sobrecogido por la ira, trató de matar a su propio hijo. Saúl argumentaba que su venganza mortal contra David era para proteger el reino de Jonatán, pero la pregunta de Jonatán: «¿Qué ha hecho?», fue más de lo que Saúl podía soportar.

Saúl fue destruido por la amargura. Lo que comenzó como enojo se desarrolló en desconfianza, temor, separación, inseguridad y venganza. La amargura de Saúl asumió control sobre su vida. Se cegó de odio hacia David y procuró matarlo. Se comportó irracionalmente con su hijo Jonatán. La amargura de Saúl se derramó sobre la vida de mucha gente inocente y causó la destrucción a todo un pueblo de sacerdotes. Por su amargura, Saúl ya no podía oír la voz de Dios.

Yo creo que la amargura de Saúl comenzó *antes* que David matara a Goliat y que las mujeres del pueblo lo enojaran con la canción. La amargura de Saúl comenzó cuando Samuel le dijo que él había perdido el reino: «Jehová ha rasgado hoy de ti el reino de Israel, y lo ha dado a un prójimo tuyo mejor que tú» (1 Samuel 15.28). Saúl estaba amargado hacia Dios, pero como era difícil admitirlo, dirigió su amargura hacia David.

Saúl pagó un gran precio por la amargura que sentía hacia el hombre escogido por Dios. Cada acción que dirigió contra David fue cambiada a favor de David. David llegó a ser el rey más grande de Israel y el escritor más amado del Antiguo Testamento. Podemos aprender del ejemplo de David. Si somos el blanco de la amargura de alguien, tengamos fe de que Dios obrará de acuerdo a su voluntad para nuestra vida. Si queremos hacer su voluntad, Dios hará por nosotros lo mismo que hizo por David.

RECUPERÁNDONOS DE LA AMARGURA

¿Cómo nos podemos recuperar de los efectos de la amargura? *Recuperar* quiere decir «volver atrás» o «volver a ganar». Recuperarse, por ejemplo, de una enfermedad quiere decir volver atrás o recobrar la salud. Recuperarse, entonces, de la amargura quiere decir volver atrás o recobrar el carácter dulce y estable.

Cuando la raíz de amargura ha estado creciendo por largo tiempo, removerla no es algo instantáneo. Un esposo y una esposa que deciden volver a unirse después de haber estado separados, pueden honestamente confesarse el uno al otro sus pecados y arrepentirse de ellos, pero la restauración total viene gradualmente. A veces, la sanidad del espíritu lleva más tiempo que la sanidad de un brazo o una pierna rota, por ejemplo. Podemos haber vivido con emociones dañadas por años, quizás desde niños. Como hijos de Dios, sin embargo, tenemos la capacidad de perdonar y de arrancar la amargura de nuestra vida, aun cuando nos cause pérdida temporal o humillación. A menos que perdonemos, no podremos amar.

LA MOTIVACIÓN PARA BREGAR CON LA AMARGURA

¿Cómo podemos ser motivados a perdonar y quitar la amargura? Tenemos que oír el llamado de nuestro Señor Jesucristo para perdonar a otros. En el Sermón del monte, Jesús dijo:

Sed, pues, misericordiosos, como también vuestro Padre es misericordioso. No juzguéis, y no seréis juzgados; no condenéis, y no seréis condenados; perdonad, y seréis perdonados. (Lucas 6.36, 37)

Jesús no quiso decir que nuestro Padre celestial no nos perdonará a nosotros si no hemos perdonado a otros. Jesús quiso decir que si nosotros emocionalmente no liberamos a los que nos han ofendido, Dios mantendrá la presión sobre nosotros hasta que lo hagamos, porque él quiere que vivamos reconciliados.

Cuando entendemos completamente el perdón de Dios hacia nosotros, simplemente no podemos cargarle la responsabilidad a otros. A través de todo su ministerio, Jesús enseñó sobre el perdón. Pero no solo lo proclamó. Lo demostró con sus palabras desde la cruz: «Padre, perdónalos, porque no saben lo que hacen» (Lucas 23.34).

Porque Cristo mora en nosotros, tenemos una naturaleza espiritual para perdonar. Recibimos esta naturaleza espiritual cuando recibimos a Cristo. Pablo lo dice de esta manera:

Con Cristo estoy juntamente crucificado, ya no vivo yo, mas vive Cristo en mí; y lo que ahora vivo en la carne, lo vivo en la fe del Hijo de Dios, el cual me amó y se entregó a sí mismo por mí. (Gálatas 2.20)

La vida que vivimos es una expresión de la vida de Cristo. Tenemos la capacidad de perdonar cuando hemos sido heridos profundamente porque Cristo puede liberar el perdón a través de nosotros hacia cualquier persona. Tal como Cristo perdonó a los que lo crucificaron, su vida en nosotros hace posible que perdonemos toda clase de heridas y abusos que suframos. Porque somos hijos de Dios, está fuera de nuestro carácter el tener un espíritu no perdonador y permitir que prevalezcan las raíces de amargura.

Jesús nunca rehusó el perdón. Nosotros tampoco debemos rehusarlo. Por fe debemos dejar que Cristo exprese ese perdón a través de nosotros.

Al perdonarnos los unos a los otros, nos liberamos de la amargura. La liberación emocional nos capacita para la sanidad física y espiritual, y nos libera de ser esclavos de otras personas. Al perdonarnos los unos a los otros, gozamos de reconciliación y del gozo de relaciones saludables y afectuosas.

LIBRÁNDONOS DE LA AMARGURA

El librarse de la amargura es un proceso gradual que lleva a la liberación emocional y a la libertad espiritual. Los pasos son simples. Mientras lee esto, el rostro de alguien que lo ha amargado, probablemente le venga a la mente. Mantenga a esa persona (o personas) en la mente mientras continúa.

1. Escriba una lista de las formas en que esa persona le ha ofendido.
2. Escriba una lista de sus propias faltas.
3. Escriba una lista de las cosas que usted ha hecho de las cuales Dios lo ha perdonado.
4. Pídale a Dios que le ayude a ver a esa persona que le ha ofendido como un instrumento en las manos de Dios.
5. Pídale perdón a Dios por su amargura hacia esa persona.
6. Decida en su corazón asumir la responsabilidad total por su actitud.
7. Si siente que es apropiado, y que no empeorará la situación, vaya a esa persona, confiese su amargura, y pídale perdón. Recuerde, que está asumiendo la responsabilidad por su actitud, y no está tratando de solicitar arrepentimiento.

Tenemos dos opciones. Podemos dejar que la amargura nos destruya, o podemos dejar que Dios nos haga las personas que él quiere que seamos. Debemos *escoger* ver nuestras circunstancias y heridas como instrumentos que Dios usa para continuar desarrollando nuestra vida espiritual.

Preguntas para crecimiento personal

1. Explique cómo la amargura puede asumir dominio de su vida y ponerlo en esclavitud.

2. Dé algunos ejemplos de cómo la amargura puede afectar físicamente a las personas.

   ¿Ha enfermado alguna vez por causa de la amargura?

3. ¿Cómo mancha la amargura las relaciones?

   ¿Se ha derramado su amargura en la vida de otras personas? Explique.

4. ¿Está albergando desprecio o heridas que lo hacen sentir rechazado, aun cuando hayan ocurrido hace mucho tiempo?

   Nombre los siete pasos que puede dar para quitar la amargura de su vida.

   Con una persona en la mente, luego otra, comience a dar esos pasos.

El amor no hace mal al prójimo.

ROMANOS 13.10

CAPÍTULO ONCE

CUANDO UN HERMANO CAE

Recuerdo que cuando era joven tuve que tomar una serie de pruebas de aptitud en el gimnasio de la escuela. Había sogas amarradas del techo que tenía que trepar, alfombras enrolladas para ejercicios de volteretas, barras paralelas para andar de manos, y así por el estilo.

Claramente recuerdo el ejercicio sobre el balancín. ¿Se acuerdan de ése? Era una tabla larga, delgada por la que andábamos hacia adelante y hacia atrás. Generalmente, cuando le tocaba el turno a otra persona, los demás nos sentábamos cerca a esperar que sucediera el resbalón inevitable para reírnos. Ocasionalmente algunos muchachos sobrevivían sin equivocarse, pero eventualmente sucumbían cuando el orgullo juvenil los volvía a traer para intentar de nuevo.

A veces creo que establecemos una gimnasia espiritual similar para los creyentes. A menudo, en forma inconsciente observamos a nuestros hermanos para ver si pueden andar por el camino recto y angosto sin ningún tropiezo o error.

Es una expectación ridícula, por supuesto, ya que nuestro peregrinaje en la tierra dura varias décadas, y existen muchas distracciones atractivas y desorientadoras a lo largo del camino que son capaces de hacernos perder el «equilibrio» en nuestro caminar con el Salvador.

Por lo tanto, cuando un hermano tropieza en lo que Isaías llama el «Camino de Santidad» (35.8), no debemos sorprendernos demasiado.

Pero nos sorprendemos. Movemos la cabeza y nos preguntamos: *¿Cómo pudo tal hermano en Cristo hacer una cosa tan vergonzosa?*

La forma en que reaccionamos a esta altura es muy importante. ¿Chismearemos, juzgaremos, observaremos silenciosamente a ver si la víctima de alguna forma sale de su estado caído, o extenderemos nuestra mano redentora de perdón para rescatarla?

Cuando un hermano en Cristo peca, debemos actuar como agentes de reconciliación al procurar entender por qué ha pecado y los principios bíblicos que se deben aplicar para restaurarlo.

Todos pecamos

Todos los creyentes podemos tropezar. La Palabra de Dios da tres razones distintas de por qué somos propensos a dar tropiezos.

Por el pecado en nosotros

En primer lugar, la Escritura revela que el principio del pecado está todavía en nosotros. No importa cuán consagrados estamos a Cristo, o cuán bien entendemos la dinámica del Espíritu Santo, un principio activo del pecado se esconde en nuestro corazón. Pablo describe el torbellino que puede generar:

> Porque no hago el bien que quiero, sino el mal que no quiero, eso hago. Y si hago lo que no quiero, ya no lo hago yo, sino el pecado que mora en mí. Así que, queriendo yo hacer el bien, hallo esta ley: que el mal está en mí. (Romanos 7.19-21)

Pablo no está insinuando que el pecado es más fuerte que el poder del Espíritu que mora en nosotros; él está señalando que el pecado todavía existe y nos empuja cuesta abajo. Los creyentes pueden resistir y vencer el poder del pecado por medio de la vida victoriosa de Cristo, pero hay una lucha que librar. Por varias razones, no siempre alcanzamos el triunfo que es nuestro a través del Calvario.

Un enemigo formidable

En segundo lugar, caemos porque tenemos un enemigo que busca devorar, impedir y desviarnos. Se le llama por muchos nombres: el príncipe de este mundo, el príncipe de los poderes del aire, el adversario, el acusador de los hermanos llamado Satanás.

Él siempre está listo para molestarnos, tentarnos, presionarnos y hacernos caer. Es el acusador de los hermanos, no de los incrédulos. Como ha fallado en cegarnos a la verdad de la salvación, tratará de hacer lo siguiente en su lista que es inutilizarnos, frustrarnos, desanimarnos y derrotarnos en lo que respecta a una vida fructífera y de servicio. Sus principales tácticas son tentarnos a cometer pecados repetidos y lanzar continuas incursiones en nuestras esferas más vulnerables de la personalidad o del carácter.

UN SISTEMA MUNDIAL MALO

En tercer lugar, vivimos en un sistema mundial malo, completamente invadido por el espíritu vil del maligno. La literatura, el arte, el gobierno, la educación, los negocios y la recreación, todo forma parte de lo que Pablo llama el «presente siglo malo» (Gálatas 1.4). Este *cosmos* o sistema mundial caído es dirigido por Satanás mismo y confronta a los creyentes en cada faceta del diario vivir. No podemos escaparnos. Aunque no somos *de* este mundo, estamos ciertamente *en* él.

Esta tríada de oposición es lo suficientemente poderosa como para infligirnos golpes mortales. Cualquiera que dice: «Yo nunca haré esto o aquello», en realidad está preparándose para una caída poco halagüeña. Estas normas egoístas de justicia propia han mermado la resistencia en esta esfera particular porque el individuo ahora descansa en su suficiencia personal para defenderse de un enemigo muy superior. Es como defender un fuerte con una pistola de agua.

POR QUÉ CAEMOS

El apóstol Pablo describe la receta bíblica para perdonar a un hermano caído.

> Hermanos, si alguno fuere sorprendido en alguna falta, vosotros que sois espirituales, restauradle con espíritu de mansedumbre, considerándote a ti mismo, no sea que tú también seas tentado. Sobrellevad los unos las cargas de los otros, y cumplid así la ley de Cristo. Porque el que se cree ser algo, no siendo nada, a sí

mismo se engaña. Así que, cada uno someta a prueba su propia obra, y entonces tendrá motivo de gloriarse solo respecto de sí mismo, y no en otro; porque cada uno llevará su propia carga. (Gálatas 6.1-5)

Note el uso de Pablo de la frase «sorprendido en alguna falta». La idea expresada en el idioma original es una de sorpresa, desacierto o falta. En otras palabras, cuando los creyentes pecamos, no salimos deliberadamente a buscar transgresiones. En un momento de debilidad o indiferencia, cedemos al mal o somos seducidos por él. No comenzamos la mañana planeando mentir, engañar o codiciar, pero nos hieren andando por el camino peligroso.

Conociendo la Biblia y los caminos de Dios, como así también sus advertencias contra el pecado, ¿por qué todavía «mordisqueamos» la fruta prohibida?

UNA FORMA DE VIVIR DESCUIDADA

El primer factor que viene a la mente es que nos descuidamos en la vida cristiana. No seguimos la amonestación de la Biblia acerca de vivir «sobria, justa y piadosamente» (Tito 2.12). Nos descuidamos en vivir según las verdades que conocemos, y olvidamos tomar las precauciones que debemos tomar para evadir los lazos de Satanás.

Pablo nos insta: «Mirad, pues, con diligencia cómo andéis, no como necios sino como sabios, aprovechando bien el tiempo, porque los días son malos» (Efesios 5.15, 16). La gente descuidada en su trabajo es propensa a sufrir accidentes que podrían evitarse. Los creyentes que desarrollan hábitos descuidados de oración y estudio, y que no cultivan rasgos de un carácter disciplinado bajo la dirección del Espíritu Santo, son blanco de los dardos de fuego del enemigo.

IGNORANCIA

Una segunda razón es la ignorancia. A veces no estamos conscientes del pecado y de cómo opera Satanás, e ignoramos muchas cosas en cuanto a nosotros mismos y a cómo respondemos a ciertas tentaciones. Muchas veces en las Escrituras, los escritores declaran: «No ignoramos». Una de las claves para la vida vencedora de Pablo en medio de tal adversidad fue que él no ignoraba las maquinaciones de Satanás (2 Corintios 2.11). Tampoco debemos ignorarlas nosotros.

Es por eso que la Palabra de Dios continuamente nos desafía a proseguir a la meta (Filipenses 3.14). No podemos estar satisfechos con lo que ya sabemos. Necesitamos aprender cada vez más de la Palabra de Dios para mantenernos libres del yugo del pecado.

ENGAÑO

Una tercera razón por la que los creyentes tropiezan es el engaño. Satanás se presenta como ángel de luz. El es astuto, sagaz y engañador. Oculta sus trampas asesinas con seducción atractiva. Si él pudo engañar a Adán y a Eva, quienes gozaban de comunión perfecta y maravillosa con Dios el Creador, ¿por qué pensamos que podemos ser más listos que él?

ORGULLO

Un cuarto denominador común en hacernos caer es el orgullo. Cuando dependemos de nuestra autosuficiencia o de nuestro esfuerzo para combatir el pecado, estemos seguros de que nuestra derrota está a las puertas. El «yo» no es rival para el príncipe de las tinieblas.

El rey Uzías del Antiguo Testamento fue un rey e inventor famoso. También era un guerrero valiente que gozó de gran prosperidad «en estos días que buscó a Jehová» (2 Crónicas 26.5). Pudo haber gozado una larga vida de victorias si no hubiera entronado a su «yo».

E hizo en Jerusalén máquinas inventadas por ingenieros, para que estuviesen en las torres y en los baluartes, para arrojar saetas y grandes piedras. Y su fama se extendió lejos, porque fue ayudado maravillosamente, hasta hacerse poderoso. Mas cuando ya era fuerte, su corazón se enalteció para su ruina; porque se rebeló contra Jehová su Dios, entrando en el templo de Jehová para quemar incienso en el altar del incienso. (2 Crónicas 26.15, 16)

Dios le envió lepra a Uzías por usurpar las funciones de sacerdote y su final fue trágico. El orgullo nos lleva a lugares donde no tenemos que estar, y donde un enemigo más poderoso nos derrotará. ¿Recuerdan a Sansón?

CANSANCIO

Un quinto agente que ayuda a que los creyentes pequen es el cansancio. Nos agotamos física o emocionalmente, y nuestra debilidad nos impide levantar el escudo de la fe. Con las manos caídas, el escudo descansa en el suelo y nos convertimos en blanco para el próximo ataque. Elías estaba propenso al temor y al desánimo cuando Jezabel lo amenazó. Probablemente sucedió porque había terminado de correr un maratón a Jezreel, compitiendo con la carroza del rey Acab (1 Reyes 18.45, 46). Su fatiga debilitó su resistencia.

ATAQUE SATÁNICO

Un sexto factor es el ataque satánico. Este puede ser un momento o un período de acosamiento constante de parte de Satanás, cuando las personas sufren conflictos fuertísimos inspirados por los poderes del mal. Tal vez estén orando, trabajando o haciendo cualquier cosa, y Satanás desata una gran ofensiva.

Job enfrentó el ataque repentino y abrumador de Satanás, perdiendo su familia y sus bienes en unas horas. Aunque permitido por Dios, no obstante, atacó como un enjambre de langostas. Con esa misma intensidad de persecución, aun limitada por el Dios todopoderoso, Satanás puede arremeter contra nosotros los creyentes, especialmente si ocupamos un lugar de servicio fructífero en el reino.

PRESIÓN

Una séptima razón es la presión. Nos encorvamos bajo la presión del trabajo, la familia y la sociedad, y buscamos una válvula de escape emocional que pensamos que nos ayudará a suplir una necesidad particular en ese momento. Las tensiones y las cargas son abrumadoras, y luchamos por abrir una válvula de escape, sin cuidar realmente a dónde pueda llevarnos, siempre que nos quite la carga de encima.

Creo que si somos honestos, todos tendremos que admitir: «Sí, he fallado». No hemos violado solo uno de los mandamientos. La verdad es que probablemente los hemos violado todos en alguna forma o hasta cierto grado.

Al volver nuestra mirada al Antiguo Testamento, vemos que los tres primeros reyes de Dios fueron grandes hombres. Saúl comenzó a gobernar como un líder ungido. David fue un gobernante noble como también músico célebre y poeta. La sabiduría de Salomón no ha sido igualada.

A pesar de sus éxitos, sin embargo, todos tropezaron. El reino de Saúl le fue quitado por su orgullo. David cayó en la lascivia, y la sagacidad de Salomón se dañó por la idolatría.

Los creyentes de hoy en día, no importa lo fuertes, sabios o respetados que sean, están sujetos a alguna manifestación pública o privada del principio del pecado. Los que siembran para la carne cosecharán corrupción al igual que los incrédulos. La carne lucha contra el Espíritu y el Espíritu contra la carne.

Restauración

Cuando el creyente ha pecado, el cuerpo de Cristo tiene la responsabilidad dada por Dios de restaurar al ofensor: «Hermanos, si alguno fuere sorprendido en alguna falta, vosotros que sois espirituales, restauradle con espíritu de mansedumbre» (Gálatas 6.1). La Escritura lo declara como mandamiento, no como sugerencia. No dice que tenemos que perdonar a alguien que peca después que hayamos examinado la situación para descubrir si es culpable o inocente, o si la persona ha sufrido lo suficiente por la indiscreción. Dice que tenemos que involucrarnos en el proceso de restauración sin importar la naturaleza del pecado.

La palabra griega traducida «restaurar» tiene significados de carácter médico. La palabra representa a un médico que emplaza los huesos de un miembro quebrado. Implica enderezar algo que estaba torcido.

Veamos la adaptación espiritual de esta idea. Perdonar a alguien que cae es el método de Dios de extender su sanidad al alma herida, ayudando a restaurar el gozo y la intimidad de la comunión con el Padre. Tenemos que ser los vasos terrenales para que el transgresor sea restaurado.

Jesús dijo: «Porque no envió Dios a su Hijo al mundo para condenar al mundo, sino para que el mundo sea salvo por él» (Juan 3.17). Si el justo Hijo de Dios no juzgaba, ciertamente nosotros no tenemos el derecho de juzgar a nadie que ha pecado. Debemos discernir sabiamente y aprender lo más posible para nuestro propio beneficio, pero nunca se justifica que condenemos a un hermano caído.

En realidad, es la labor específica de uno que es «espiritual» iniciar la restauración de uno «sorprendido en alguna falta». Esto no implica a alguien que tiene una actitud altanera y superior. Se refiere a alguien que camina diariamente bajo la dirección e influencia del Espíritu Santo, alguien que ha aceptado a Cristo como Salvador y anhela ver su señorío extendido sobre cada esfera de su vida. Tales individuos deben exhibir el precioso fruto del Espíritu. Debemos ser cuidadosos, amables, perdonadores, pacientes y compasivos, no jueces o más santos que nadie. Nuestras acciones deben ser siempre hacia la sanidad y la restauración del hermano que sufre.

Es aquí donde muchos tropezamos. No deseamos asociarnos con el pecado del hermano. Deseamos mantener la distancia. Pero no podemos componer huesos desde lejos ni restaurar una vida destrozada desde un cuarto de oración. Si conocemos al que ha pecado, y tenemos una relación genuina con el Salvador, viviendo de acuerdo a los dictados del Espíritu, tenemos el mandato del cielo de ayudarle a recibir el perdón de Dios.

A menudo declaramos ignorancia: «Yo no sé cómo ayudar a restaurar a mi amigo. Tengo temor de involucrarme, cometer una torpeza y empeorar las cosas». Tal sentimiento es comprensible, pero no es bíblico. Contamos con el Espíritu Santo y con la Palabra de Dios. Además, tenemos la mente de Cristo.

¿Deseamos ver restaurado a nuestro hermano herido? Si lo deseamos, tenemos que pedirle a Dios que nos use como parte de la rehabilitación espiritual de dicho hermano. Dios perdonará la ofensa, pero él puede escogernos para ayudar a traer ese perdón a través del siguiente proceso.

SEIS PRINCIPIOS PARA LA RESTAURACIÓN

Creo que si implementamos los seis principios que explico a continuación, estaremos equipados bíblicamente para prestar ayuda en la restauración de un hermano que ha pecado.

1. Nuestra primera prioridad es ayudar a la persona a *reconocer el fracaso y las consecuencias* de su decisión. El problema no es un descuido ligero o lapso momentáneo; es un pecado a los ojos del Señor.

Nadie puede bregar con el pecado a menos que primero no lo haya identificado como tal. La mayoría de las veces, el individuo sabe que ha pecado, pero todavía vive en los tentáculos del pecado porque no ha admitido que su comportamiento fue pecaminoso. Al igual que David, la persona tiene que confesar: «He pecado, y he hecho lo malo delante de tus ojos» (Salmo 51.4).

2. Debemos ayudar a la persona a *reconocer su responsabilidad* por el pecado. Es fácil echarle la culpa a otro por el pecado. Pero aun cuando alguien más haya contribuido, el individuo es responsable. Ayudar a un hermano a asumir la responsabilidad personal por actos pecaminosos es un paso difícil pero necesario. La vida de Saúl se caracterizó por la irresponsabilidad. Siempre estaba tratando de culpar a algún otro.

Cuando Samuel confrontó a Saúl por no haber destruido a los amalecitas por completo, Saúl respondió: «Mas el pueblo tomó del botín ovejas y vacas» (1 Samuel 15.21).

3. Necesitamos guiar a la persona a *confesar su pecado y a arrepentirse*. Por arrepentimiento, quiero decir un cambio mental que dé como resultado un sentido real de pesar y remordimiento por el pecado seguido de un cambio deliberado de comportamiento. La persona se dará cuenta del dolor de la desobediencia ante Dios y la conducta eterna será positivamente afectada.

El que confiesa y abandona el pecado es el que prosperará. Este es un paso fundamental en la redención para gozar de una vida fructífera y santa. Por medio de la sangre del Calvario, el perdón está disponible, pero hasta que no haya verdadero arrepentimiento, el corazón de la persona no está listo para recibir la limpieza.

4. El cuarto principio es la *restitución*. Alguien que ha robado algo necesita restituirlo. Si un individuo critica a otro en público, necesita ir a él y pedirle perdón. Sin embargo, no se puede hacer restitución por algunos pecados. El arrepentimiento genuino y la confesión tendrán que bastar en esos casos. Por ejemplo, no hay restitución por haber destruido la pureza moral de una persona. Pedir perdón puede restaurar la comunión con Cristo, pero nunca podrá restaurar lo que se destruyó.

5. Un quinto paso para alcanzar con el perdón a un hermano caído es ayudarlo a recibir *el mensaje de Dios* a través de su fracaso. Aunque Dios no nos hace caer, puede enseñarnos lecciones que nos guarden de caer en situaciones dañinas. Su desaprobación de estos errores es de incalculable valor: «Camino a la vida es guardar la instrucción; pero quien desecha la represión, yerra» (Proverbios 10.17).

6. Finalmente, necesitamos guiar a la persona que ha caído a *responder con gratitud a la disciplina de Dios*. Es indudable que esto no es fácil, pero cuando la persona comprende el propósito de Dios en tal disciplina (para que «participemos de su santidad», Hebreos 12.10), por un acto de su voluntad, puede darle gracias al Padre celestial por su corrección amorosa. David dijo: «Bueno me es haber sido humillado, para que aprenda tus estatutos. Mejor me es la ley de tu boca que millares de oro y plata» (Salmo 119.71, 72). David vio los beneficios del trato de Dios con él y respondió agradecido. Llevar a la persona a este punto la protege de las raíces insidiosas de la amargura que pueden brotar como resultado del pecado.

EL ESPÍRITU DE RESTAURACIÓN

Nuestro éxito en intentar restaurar a un hermano o hermana será determinado en gran parte por el espíritu con que lo hagamos. ¿Y cuál es el espíritu con el que tenemos que restaurar a un creyente? La contestación a esa pregunta la encontramos en nuestro texto:

Hermanos, si alguno fuere sorprendido en alguna falta, vosotros que sois espirituales, restauradle con espíritu de mansedumbre, considerándote a ti mismo, no sea que tú también seas tentado. (Gálatas 6.1)

Primero que nada, Pablo dice que tenemos que acercarnos al culpable con un *espíritu de mansedumbre*. Lo más probable es que la persona esté dolida y sea tan frágil como un fino vaso de cristal. El castigo humano, el juicio y la condenación solo empeorarán la condición del individuo. La comprensión y la aceptación (no estar de acuerdo, sino aceptar a la persona) son necesarias.

Esto no quiere decir que vamos a ignorar el lugar de la disciplina en el proceso de la restauración. Pero la responsabilidad de disciplinar es de Dios y no de nosotros. Debemos restaurar al hermano o hermana con espíritu de mansedumbre, no con enojo o con un deseo apasionado de defender la fe.

El espíritu de mansedumbre quiere decir que somos sensibles a las necesidades y al dolor del que ha caído. A menudo, la desilusión y el remordimiento son abrumadores.

Segundo, tenemos que perdonar y restaurar con *espíritu de humildad*, reconociendo que lo que le pasó a la otra persona también nos puede pasar a nosotros. Como creyentes, tenemos que ayudar al individuo a reconocer el pecado, asumir su responsabilidad por dicho pecado y arrepentirse, hacer restitución cuando fuere posible, recibir alegremente el mensaje que Dios está dando por medio del fracaso, y agradecerle por su amorosa disciplina. Pero si lo hacemos con dureza y arrogancia, solo infligiremos más daño, en vez de restaurar al hermano o a la hermana. Debemos examinarnos a nosotros mismos, sabiendo que también somos vulnerables a todo tipo de tentación y pecado.

Cuando Pablo les escribe a los Gálatas: «Sobrellevad los unos las cargas de los otros, y cumplid así la ley de Cristo» (Gálatas 6.2), añade una tercera dimensión al proceso de restauración, el *espíritu de amor*. Jesús dijo: «En esto conocerán todos que sois mis discípulos, si tuviereis amor los unos con los otros» (Juan 13.35). En otra oportunidad dijo: «Este es mi mandamiento: Que os améis unos a otros, como yo os he amado» (Juan 15.12). En el pasaje a los Gálatas, la palabra *cargas* quiere decir una «carga pesada». Llevar las cargas de alguien quiere decir estar dispuesto a estar bajo la carga con él. Estamos dispuestos a compartir el peso de su herida mientras camina por el valle del sufrimiento o la vergüenza. Estamos dispuestos a sufrir vicariamente lo que él sufre, hasta el punto de sentir lo que él siente. Y debemos hacerlo con amor.

El encuentro de Jesús con la mujer sorprendida en adulterio revela la insensatez de un espíritu de juicio, más bien que de amor de parte de los escribas y fariseos.

> Y Jesús se fue al monte de los Olivos. Y por la mañana volvió al templo, y todo el pueblo vino a él; y sentado él, les enseñaba. Entonces los escribas y los fariseos le trajeron una mujer sorprendida en adulterio; y poniéndola en medio, le dijeron: Maestro, esta mujer ha sido sorprendida en el acto mismo de adulterio. Y en la ley nos mandó Moisés apedrear a tales mujeres. Tú, pues, ¿qué dices? Mas esto decían tentándole, para poder acusarle. Pero Jesús, inclinado hacia el suelo, escribió en tierra con el dedo. (Juan 8.1-6)

¿Qué escribió Jesús en la tierra? Nadie lo sabe. Algunos dicen que escribió los diez mandamientos. Otros dicen que escribió siete mandamientos.

La Escritura continúa:

Y como insistieron en preguntarle, se enderezó y les dijo: El que de vosotros esté sin pecado sea el primero en arrojar la piedra contra ella. (Juan 8.7)

Jesús no dijo que la mujer no era culpable. El no hizo ningún intento por defender su conducta ante sus hipócritas acusadores. Simplemente dijo: «El que de vosotros esté sin pecado sea el primero en arrojar la piedra contra ella».

Ellos no estaban preparados para solo tirarle piedras a la adúltera. La ley decía que tenía que ser apedreada hasta morir, y ellos estaban preparados para hacer eso. Pero cuando Jesús desafió a los que no tuvieran pecado entre los presentes a que tiraran la primera piedra, uno a uno abandonó el lugar. Cuando se dieron cuenta de la fealdad de sus propios pecados, su vergüenza y culpabilidad los alejó.

Si vamos a restaurar a un hermano o a una hermana a Cristo, tenemos que hacerlo con espíritu de mansedumbre, humildad y amor. La Escritura claramente nos advierte: «Porque el que se cree ser algo, no siendo nada, a sí mismo se engaña» (Gálatas 6.3). Si pensamos que moral o espiritualmente somos superiores a nuestros hermanos caídos, no solo nos engañamos, sino que somos incapaces de restaurar a otros en forma adecuada. La restauración nunca puede tener lugar en una atmósfera arrogante.

Todavía habita en nosotros el principio del pecado. Somos vulnerables. Es por eso que «cada uno someta a prueba su propia obra, y entonces tendrá motivo de gloriarse sólo respecto de sí mismo y no en otro» (Gálatas 6.4).

CUANDO LOS LÍDERES CAEN

Particularmente dañino al cuerpo de Cristo es la caída de un líder cristiano, alguien que tiene influencia visible ante el mundo. Cuando un líder espiritual cae, es una señal de advertencia para la nación. Es una señal de autoexamen; es un llamado a escudriñar nuestras almas. Después de todo, si un hombre de tal estatura puede tropezar, ¿no estaremos sujetos nosotros también al mismo fracaso?

Trágicamente, sin embargo, la segunda señal es una de autoengaño. Cuando una figura espiritual prominente cae, los incrédulos sienten menos presión viviendo en pecado y en violación a la ley de Dios. Observan qué pasa y razonan: «Fíjese, yo no soy tan malo después de todo. Este hombre estudia la Biblia y predica. Mírenlo. Si él puede hacer eso, yo no soy tan malo. Lo que yo hago no es peor, y no afirmo ser creyente. Si Dios lo ama a pesar de la manera en que vive, entonces, por supuesto que me amará a mí también». Así que, transitoriamente sienten alguna liberación de la culpa o convicción que podrían haber experimentado antes.

Como hemos visto, la Biblia dice claramente que tenemos la responsabilidad de restaurar a un hermano o hermana que han caído. También debemos recalcar que este asunto tan delicado tiene que manejarse con mucho cuidado para no dañar nuestro testimonio ante un mundo incrédulo.

Preguntas para crecimiento personal

1. Identifique y discuta tres razones bíblicas por las que los creyentes tropiezan.

2. A pesar de conocer la Biblia, los creyentes son vulnerables a los tropiezos. Nombre siete factores que contribuyen a que los creyentes «den mordiscos a la fruta prohibida».

3. Identifique y discuta los seis principios de la restauración.

4. ¿Cuál es su responsabilidad hacia un hermano o hermana que ha caído?

CONCLUSIÓN

Perdonar es liberar, pero a veces es doloroso. Es liberar porque nos deshacemos de la pesada carga de la culpabilidad, la amargura y la ira que hemos albergado. Es doloroso porque es difícil tener que confrontarnos a nosotros mismos, a Dios, y a otros con nuestros fracasos. Parece más fácil echarles la culpa a los demás y continuar defendiendo nuestra posición de estar en lo cierto, aunque continuamos dolidos. Pero el veneno de un espíritu que no perdona nos separa de Dios y de nuestros amigos. Es devastador para nuestro bienestar espiritual y emocional, y para nuestra salud.

¿Ha habido algún tiempo en su vida cuando luchó con su rebelión contra Dios, cuando reconoció su necesidad de perdón, y confió en Cristo como su Salvador personal? ¿Está arreglando las cuentas con Dios? O sea, cuando usted le desobedece, ¿lo confiesa inmediatamente y continúa caminando en su Espíritu, gozando de comunión con él?

¿Es todavía incapaz de perdonar a alguien que le ha herido profundamente y aún lleva las cicatrices? ¿Por cuánto tiempo permanecerá prisionero de su propio espíritu no perdonador? Recuerde que tiene dentro de sí el poder de perdonar, de ser sanado y de ser liberada para vivir plenamente.

Antes de cerrar este libro, perdone al que lo ha herido, tal como su Padre celestial lo ha perdonado a usted, y *¡sea verdaderamente libre!*

EL PECADO IMPERDONABLE

A través de los años he hablado con muchos creyentes e inconversos que temían haber cometido «el pecado imperdonable». Casi todos tenían una idea diferente de lo que era dicho pecado. Pero todos estaban de acuerdo en una cosa: Eran culpables y sentían que su situación no tenía esperanzas.

Cientos de versículos en la Biblia prometen el perdón de nuestros pecados, pero solo un pasaje se refiere al pecado imperdonable. Examinemos el pasaje para ver lo que Jesús quiso decir cuando se refirió al pecado que no puede ser perdonado.

Jesús había sanado a un hombre poseído de un demonio que era ciego y mudo, de forma que «el ciego y mudo veía y hablaba» (Mateo 12.22). Las multitudes que seguían a Jesús comenzaron a decir: «Este hombre no puede ser el Hijo de David, ¿verdad?» La consecuencia fue que ellos creían que él era el hijo de David, en otras palabras, el Mesías.

Por otro lado, los fariseos acusaron a Jesús de echar fuera demonios por Beelzebú, el príncipe de los demonios. La respuesta de Jesús a sus acusaciones lo llevó a la siguiente conclusión:

> Por tanto os digo: Todo pecado y blasfemia será perdonado a los hombres; mas la blasfemia contra el Espíritu no les será perdonada.
> A cualquiera que dijere alguna palabra contra el Hijo del Hombre, le será perdonado; pero al que hable contra el Espíritu Santo, no le será perdonado, ni en este siglo ni en el venidero. (Mateo 12.31, 32)

El término *blasfemia* se puede definir como «irreverencia desafiante». Aplicaríamos el término a tales pecados como maldecir a Dios o voluntariamente degradar cosas consideradas santas. En este pasaje, el término se refiere a la declaración de los fariseos que habían sido testigos de evidencias innegable de los milagros que Jesús hacia en el poder del Espíritu Santo. Sin embargo, atribuyeron los milagros a Satanás. A la luz de evidencia irrefutable, ellos atribuyeron la obra del Espíritu Santo a Satanás.

Yo estoy de acuerdo con muchos eruditos bíblicos en que esta única circunstancia no se puede repetir hoy en día. Los fariseos habían visto pruebas una y otra vez que Cristo era el que afirmaba ser. Ellos no podían negar que lo que Jesús hacia era sobrenatural en naturaleza. Pero en vez de reconocer lo que sabían en sus corazones que era la verdad, le atribuyeron el poder sobrenatural a Satanás en vez de al Espíritu Santo. Eso era, en cierto sentido, el colmo del pecado.

Cristo no está en el mundo como estaba en aquel tiempo. Aunque el Espíritu Santo está todavía realizando cosas sobrenaturales a través de sus siervos, ellos solo son representantes del Rey. Las circunstancias de Mateo 12 hacen imposible que ese pecado suceda hoy. Este incidente, debo añadir, es el único en que un pecado se declara imperdonable. La Biblia claramente dice: «Porque todo aquel que invocare el nombre del Señor, será salvo» (Romanos 10.13). Ninguna invitación a la salvación lleva consigo la cláusula exceptiva: «A menos que usted haya cometido el pecado imperdonable».

No importa cuán malos sean nuestros pecados, hay perdón para ellos. Dios perdonó a David por su adulterio, deshonestidad y asesinato (2 Samuel 12.13; Salmo 51). El perdonó al hijo pródigo por su «vida pecaminosa». Dios le perdonó a Pedro su triple negación del Señor acompañada de palabras profanas (Mateo 26.74, 75). Al apóstol Pablo se le perdonaron sus persecuciones despiadadas a los creyentes antes de su conversión (Hechos 9.1).

Aunque no hay pecado imperdonable, hay un estado imperdonable, que es el estado de incredulidad. No hay perdón para la persona que muere en incredulidad. La Biblia se refiere a esto como un corazón endurecido. El endurecimiento del corazón no es algo que sucede «una vez». Es el resultado de un progreso gradual en el que se ignora el pecado y la convicción del Espíritu Santo. El tiempo es el factor principal.

Contristar al Espíritu puede progresar hasta resistir al Espíritu, lo que puede llegar a apagar al Espíritu. Y a menos que la persona se arrepienta y le pida perdón a Dios, al final puede resultar con el corazón endurecido (Hebreos 3.7, 8). El corazón endurecido no desea las cosas de Dios. Algunos interpretan esto como el pecado imperdonable. Pero si usted tiene en su corazón alguna inquietud hacia Dios, y tal vez siente que ha cometido algún pecado imperdonable, déjeme decirle que no tiene un corazón endurecido.

PASOS PARA PERDONAR A OTROS

E stos pasos se han incluido para facilitar la aplicación personal del capítulo 8.

1. Entienda que el perdón no es

   - Justificar, entender o explicar por qué la persona actuó hacia usted en la forma que lo hizo.
   - Olvidarse de la ofensa y dejar que el tiempo se haga cargo de eso.
   - Pedir a Dios que perdone a la persona que le ha ofendido.
   - Pedir a Dios que lo perdone a usted por estar enojado o resentido contra la persona que lo ofendió.
   - Negar que fue herido, porque después de todo, hay otros que han sufrido más que usted.

2. Entienda que a veces no es sabio perdonar cara a cara. Esto tal vez haga que la otra persona se sienta «humillada» y lo hace a usted sentirse «muy santo».

3. Escoja un tiempo y lugar donde pueda estar solo.

4. Ore y pídale al Espíritu Santo que le traiga a la mente a todas las personas que debe perdonar y los hechos por los cuales necesita perdonarlas.

5. Haga una lista de todas las cosas que el Espíritu Santo le trae a la mente, aun cuando le parezcan triviales. (No se precipite en este paso; permítale al Espíritu Santo todo el tiempo que él necesita para hablar con usted.)

6. Ponga dos sillas, una frente a la otra. Siéntese en una de ellas.

7. Imagínese que la primera persona en su lista está sentada en la otra silla. Hable todo lo que pueda recordar que la persona ha hecho para herirlo. No reprima las lágrimas ni las emociones que acompañan a las confesiones.

8. *Escoja, por un acto de la voluntad, perdonar a esa persona de una vez y para siempre.* Puede ser que no sienta que está perdonando. Hágalo, y los sentimientos seguirán después. Dios se hará cargo de eso. No dude de que lo que ha hecho es real y válido.

9. Libere a la persona de la deuda que usted siente que le debe por la ofensa. Dígale: «Usted es libre y está perdonado».

10. Si la persona todavía es parte de su vida, ahora es el momento de aceptarla sin querer cambiarle aspectos de la personalidad o del comportamiento.

11. Dé gracias al Señor por usar a cada persona como instrumento en su vida para profundizar el conocimiento de la gracia de Dios y por ayudarlo a ser semejante a su Hijo.

12. Ore. He aquí una oración sugerida mientras «habla» con cada persona:

> *Porque Cristo me ha perdonado y aceptado, ahora yo puedo perdonar y aceptar a _____ incondicionalmente en Cristo. Yo decido ahora perdonar a _____, no importa lo que me hizo. Lo libero de las heridas (tome tiempo en mencionar cada ofensa), y ya _____ no es responsable hacia mí por ellas. Está completamente libre.*

13. Cuando haya terminado de orar por las heridas que ha sufrido, pronuncie esta oración de fe:

Señor Jesús, por fe, recibo tu amor incondicional y tu aceptación en lugar de esta herida, y confío en ti para que suplas mis necesidades. Ejerzo autoridad sobre el enemigo, y en el nombre de Jesús, recobro el terreno que le he permitido ganar a Satanás en mi vida debido a mi actitud hacia _____. Ahora mismo yo le devuelvo este terreno al Señor Jesucristo a quien le pertenece.

ACERCA DEL AUTOR

D r. Charles F. Stanley es pastor de la Primera Iglesia Bautista, una iglesia de 16,000 miembros en Atlanta, Georgia y es presidente de In Touch® Ministries (conocido en español como Ministerios En Contacto). Dos veces ha sido elegido presidente de la Convención Bautista del Sur y es conocido internacionalmente por su ministerio radial y televisivo In Touch (En Contacto). Entre sus muchos éxitos de librería se incluyen *Cuando el enemigo ataca, En busca de paz, Cómo escuchar la voz de Dios, Caminemos sabiamente, El éxito a la manera de Dios y La paz del perdón.* Para más información, visite www.encontacto.org.

9 781602 558281